Laurie Halse Anderson

Schrei!

LAURIE HALSE ANDERSON

Nur wenn ich laut bin, wird sich was ändern

SCHREI!

Aus dem amerikanischen Englisch
von Bernadette Ott

bold

Ausführliche Informationen über
unsere Autoren und Bücher
www.readbold.de

MIX
Papier aus verantwortungsvollen Quellen
FSC
www.fsc.org
FSC® C083411

Deutsche Erstausgabe
2019 bold, ein Imprint der dtv Verlagsgesellschaft mbH & Co. KG, München

Titel der amerikanischen Originalausgabe: ›Shout‹, 2019 erschienen bei
Viking, an imprint of Penguin Random House LLC, New York.

This translation published by arrangement with Laurie Larrabee.
Dieses Werk wurde vermittelt durch die Literarische Agentur
Thomas Schlück GmbH, 30161 Hannover.

Umschlaggestaltung: Focus + Echo
Gesetzt aus der Franziska
Satz & Layout: Gaby Michel, Hamburg
Druck und Bindung: CPI books GmbH, Leck
Gedruckt auf säurefreiem, chlorfrei gebleichtem Papier
Printed in Germany · ISBN 978-3-423-23005-6

Für die Überlebenden

Vorwort

Den Mut zu finden, fünfundzwanzig Jahre nachdem ich vergewaltigt worden war, meine Stimme zu erheben, *Sprich* zu schreiben und Gespräche mit unzähligen Überlebenden von sexueller Gewalt zu führen, hat mich zu der Person gemacht, die ich heute bin.

Dieses Buch erzählt nun, was davor und danach geschehen ist. Seine Seiten sind randvoll mit all dem, was mich bisher geprägt hat: Widrigkeiten, glückliche Zufälle, Verwandtschaftsbeziehungen, Sturmwogen, Sonnenaufgänge, Katastrophen, Stempel in meinem Pass, Verbrecher, Cafeterien, Albträume, Hoffnungen, meine Leser*innen, böse Omen und weitergeflüsterte Wahrheiten.

Auch mein Vater schrieb Gedichte. Seine Grundregel, die er mir mit auf den Weg gegeben hat, lautete: Sei nachsichtig mit den Lebenden, die Toten aber besitzen ihre eigene Wahrheit; sie sind ohne Furcht. In seinem Sinne habe ich – so aufrichtig, wie ich konnte – aufgeschrieben, was meine Eltern in ihrem Leben durchzumachen hatten und wie sich ihre äußeren und inneren Kämpfe auf mich ausgewirkt haben. Es finden sich in dem Buch auch Gedichte, die nicht von mir oder meiner Familie handeln, sondern von anderen Menschen, die mir ihre Geschichten anvertraut haben. Um sie als Überlebende zu schützen und ihre Anonymität zu wahren, habe ich Details verändert.

Dies ist die Geschichte eines Mädchens, das seine Stimme verloren und sich eine neue erschrieben hat.

Präludium: Mic Test

Dieses Buch
duftet so wie ich,
Rauch vom Lagerfeuer,
Salz,
Erdbeeren und Honig,
Sonnencreme, Büchereien,
Wünsche, Misserfolge und Schweiß,
grüne Nächte in den Bergen,
kalte Sonnenaufgänge am Meer.

Dieses Buch
riecht
nach meiner Angst,
nach den schwarzen, jaulenden Hunden der Depression
und der alten Scham, die mir
im Nacken sitzt, ihre Klauen
tief eingegraben.

Dieses Buch
ist der Morast von gestern,
verkrustet auf dem Dance Floor,
die Schrittmuster
behutsam ausgebreitet
für eure Spurensuche
danach, wie es sich tief drinnen
bei mir
wohl so anfühlt.

Erster Teil

Im Namen der Liebe

Als er achtzehn war, musste mein Vater mit ansehen,
wie der Kopf seines Freundes in zwei Hälften
zerteilt wurde, knapp über den Augenbrauen, durch
eine explodierende Trommelbremse. Sein
Freund erzählte da gerade einen Witz.

Mein Vater reparierte Jagdflieger, P-51 Mustangs,
auf einem Stützpunkt in England, wollte ein Gewehr
in die Hand bekommen, keinen Schraubenschlüssel,
zimmerte in seinem Kopf eine feste Truhe für alles,
was mit der Armee zu tun hatte, und verstaute das Bild
vom letzten Atemzug seines Freundes ganz unten.

Dann schickten sie ihn nach Dachau.
Nicht nur ihn, seine ganze Einheit,
und nicht nur nach Dachau, sondern in alle
Konzentrationslager,
weil der Krieg zu Ende war.
Aber das war er nicht wirklich.

Daddy redete mit mir vierzig Jahre lang nicht
darüber, was er in Dachau gesehen, gehört, gerochen hatte,
und darüber, was es mit ihm machte.
Ein Jahr des Schweigens für jeden Tag der Sintflut,
ein Jahr des Schweigens für jeden Tag zwischen
Aschermittwoch und Ostern.

Die Luft in Dachau war durchwölkt von der Asche
unzähliger Körper, als er sie einatmete, infizierte
die Agonie der Sterbenden meinen Vater
und alle seine Freunde. Sie versuchten den Leidenden
zu helfen, befolgten Befehle, ließen ihrer Wut
auf unerlaubte Weise freien Lauf, während die Offiziere
sich abwandten. Mein Vater füllte die Truhe
in seinem Kopf mit marschierenden Leichnamen,
die ihm jede Nacht
für den Rest seines Lebens
ihre Lieder vorsangen.

Eines Tages beobachtete Daddy eine Schwangere,
die in Dachau die Straße in der Nähe der Lagertore
entlangtrottete. Er passte seine Schritte den ihren an,
blieb stehen, als sie im Straßengraben niederkam
und ein Kind zur Welt brachte.

Mein Vater, selbst noch ein Kind, an Tod und Zerstörung
  gewöhnt,
halb verrückt von der Gewalt, die er gesehen hatte,
darauf gedrillt, zu töten, zu schlachten, zu verstümmeln,
sah dabei zu, wie dieses Baby zwischen den
  blutverschmierten
Schenkeln seiner Mutter in die Welt hineinschlüpfte,
und wurde dadurch gerade so weit geheilt,
dass ihm die Tränen kamen.

Er wickelte das Neugeborene in die Schürze seiner Mutter
und half den beiden zum Rotkreuzzelt,
das für die Überlebenden errichtet worden war.

Glassplitter im Mund meiner Mutter

Veteran des D-Day, vertraut mit Depression,
Krieg gegen Deutschland und Gräueltaten,
ein hübscher Junge, der ein groß gewachsenes Mädchen
heiratete, das aussah wie Katharine Hepburn,
zwei Jugendliche in einer Stadt weit weg von zu Hause,
zwei Schiffe, die ohne Anker auf hoher See trieben.

Mom erzählte mir die Geschichte, als ich in der
Highschool war, an einem Abend, an dem
Daddys Trinkerei unsere Familie
auf eine sehr harte Probe stellte.
»Er musste mich damals ohrfeigen«, sagte sie.
»Es war lang vor deiner Geburt.«

Das Bild meines Vaters, wie er meine Mutter
schlug, formte und verformte sich vor mir,
wie sonntägliche Sonnenstrahlen, die durch die bunten
Kirchenfenster hereinscheinen, die Wahrheit zerschneiden
und auf dem Boden neu zusammensetzen.

Sie lebten damals in Boston,
Daddy studierte, um Prediger zu werden,
Mom übte sich darin, seine Frau zu sein.
»Er musste mich damals ohrfeigen«, wiederholte sie,
»weil ich nicht zu schreien aufhören wollte.«
Ein Aufschrei der Verzweiflung
aus zahllosen Gründen.

Wie Brotkrumen, fallen gelassen,
um mir den Weg zu weisen,
so erzählte sie mir stockend
die ganze Geschichte.

Nach dem Nervenzusammenbruch, dem Ausraster
blieb ihnen nichts anderes übrig, als mit dem Zug
nach Hause zu fahren, um ihr Gesicht
wiederzuherstellen, zurück in die Berge, zu den Eltern,
in eine schnatternde Kleinstadt voller Bosheit.
Ihr pochten die zerschlagenen Zähne
schmerzhaft im blutigen Zahnfleisch,
ihr Mann war von Grauen gepackt, dass er
seiner Liebsten den Krieg erklärt hatte,
er drehte den Kopf zum Gang,
überlegte zu fliehen.

Moms Rücken krümmte sich
vom Gewicht ihres Herzens.
Sie starrte auf den finstern
Wald hinter der Scheibe.

»Ich wollte nicht aufhören zu schreien«,
sagte sie. »Er konnte nicht anders.«

Für Nachbarn und Freunde hatten sie die Lüge parat,
dass sie die Treppe heruntergefallen sei,
wie ungeschickt und dabei so viele Zähne ausgeschlagen,
armes Ding, solche schlimmen Sachen
passieren eben in großen Städten.

In Wahrheit hatte die krampfhafte Anstrengung,
die Gespenster in seinem Kopf niederzukämpfen,
meinen Vater in dieser Nacht
total ausrasten lassen
und bei ihrem Streit
hat er meine Mutter nicht bloß geohrfeigt.
Er hat sie geschlagen.
Aber dass er sie geschlagen hatte, passte nicht
in die frommen Märchen,
die sie sich gern erzählte,
deshalb verzuckerte sie die bittere Pille,
damit sie leichter zu schlucken war.

Der Zahnarzt der Stadt, ein Freund der Familie,
nahm kein Geld für die Behandlung,
entschuldigte sich sanft bei jedem Zahn.
Sie lebten den ganzen Sommer bei ihren Eltern,
während ihr Mund heilte,
warteten auf die falschen Zähne, schlichen
auf Zehenspitzen umeinander herum,
aber berührten sich nicht.

Nachdem die Fäden gezogen waren,
nachdem sie gelernt hatte, aus Zahnpulver
und Wasser eine Paste herzustellen,
die ihren Mund verklebte,
nach fünf Fehlgeburten,
fünf ungeborenen Söhnen,
versuchten meine Eltern es noch einmal
und zeugten mich.

Er hat sie nie wieder geschlagen,
aber sie lebte stets in der Angst,
dass er es wieder tun könnte,
was auch der Grund war
für das Schweigen, das sie
sich angewöhnt hatte.

Schmutzwörter

Vor allen Damen der Kirchengemeinde,
die in unserer Küche
bei Kaffee und Doughnuts versammelt waren,
hab ich laut *scheiße* gesagt.
Als Dreijährige, kartoffelförmig,
stämmige Beinchen, wie ein Papagei
alles nachplappernd.

Ich war hingefallen, hatte mir das Knie
aufgeschlagen und dann kam aus
meinem Mund das Wort *scheiße,*
bei meiner Mutter gehört,
die zu einem strengen, steifen Leben
als Pfarrersfrau verurteilt war,
in dem sie nicht *scheiße* sagen durfte,
auch wenn ihr oft danach war.

Aber allein
mit mir
durfte sie und machte
es auch häufig.

Damals in der Küche,
als die Damen der Kirchengemeinde
die handgenähten Vorhänge meiner Mutter
beäugten, daran Maß nahmen für das Urteil
über ihre Befähigung zur Pfarrersfrau,

sprach ich als Kleinkind dieses unflätige Wort aus
und wurde sofort gepackt.

Kindern ein Stück Seife in den Mund zu stecken,
um damit die schmutzigen Wörter aus den Köpfen
zu schrubben, war damals gängige Praxis,
von den Damen der Kirchengemeinde bestens
erprobt, die Gewalt des Schweigens,
von Generation zu Generation
brutal weitergereicht.

Rillen im Elfenbein, tief eingeritzt
von meinen Milchzähnen,
Mommys fest zupackende Hände,
die mich gegen die Küchenspüle pressen.

Meine Schluchzer wurden von Seifenschaum
erstickt, hörbar erst, nachdem die Blasen zerplatzt
waren, als ich in mein Zimmer eingesperrt war,
während die Damen der Kirchengemeinde und meine
Mutter von Bitterkeit nippten und unter sich
die Brotkrumen teilten.

Damals lernte ich, dass Worte
eine große Macht haben,
so groß, dass manche von ihnen nie
ausgesprochen werden dürfen,
und mit der Zunge wurde ich
zugleich der Wahrheit beraubt.

Mit beiden Händen fest auf der Erde

Als ich vier war, nahm mich meine Mutter
zu einem Teich mit, damit ich Schwimmen lernte.
Dort gab es so etwas wie einen Strand,
übersät mit Tannennadeln und Müttern,
die auf Handtüchern saßen und Zigaretten rauchten,
sie hatten Pullis und warme Socken an:
Sommer im kalten Norden.

Mom zog mir mein Sweatshirt aus und scheuchte mich
zu den anderen Kindern, die sich am Ufer drängten.
Die Herrin des Sees, unsere Schwimmlehrerin,
eine Riesin mit einer mit Plastikblumen geschmückten
Gummibadekappe, begann mit dem Unterricht.

Alle auf dem Bauch, Gesicht zum Strand, Hände im
Schlamm, Beine im Wasser. Meine Füße strampelten
gehorsam, Wassertreten machte mir nichts aus, so lange
ich mich am Ufer festhalten konnte. Aber dann winkte
die Lehrerin uns ins tiefe Wasser, Kind für Kind.
Ich weigerte mich, obwohl mich alle anstarrten, und
schließlich packte die Lehrerin mich unter den Armen
und zog mich hinein.

Trau niemals jemandem mit Plastikblumen auf dem Kopf.

Ich brüllte so laut, dass die Lehrerin sich fragend
an meine Mutter wandte, während die anderen
Mütter gluckten und zischelten.
Mein Sieg
bestand darin, dass ich an die seichteste Stelle
des Teichs verbannt wurde,
wo ich mich mit beiden Händen
fest auf der Erde
durchs Wasser voranhangelte.
Ab und zu reckte ich einen Arm in die Luft,
als würde ich schwimmen,
eine störrische Kaulquappe,
die den Untiefen nicht traut.

Orientierungsprobleme

In der ersten Klasse haben meine Eltern mich
als Landmaus in die Stadt verpflanzt,
zitternde Tasthaare, die Augen weit geöffnet.
Zwei Tage später setzte Mom meine Schwester
in den Kinderwagen und wir spazierten
zu dritt durch einen Sprühregen aus goldenen
und rubinroten Blättern erst einen Hügel hinauf,
dann einen anderen hinunter
zu meiner neuen Schule aus Backstein.
Nach der Anmeldung im Sekretariat drückte mir Mom
meine Lunchbox in die Hand und winkte
kurz zum Abschied.

Ich saß in der letzten Reihe, spielte in der Pause
mit ein paar Mädchen Himmel-und-Hölle und rannte,
als die Schulglocke nach der letzten Stunde klingelte,
die Hände jubelnd hochgereckt, hinter allen anderen her
zum Tor hinaus, wo ich an unserem weiß behandschuhten
Verkehrsengel vorbei in die falsche Richtung ging.

Ich blieb stehen.
Ging zurück zur Kreuzung, drehte mich um
neunzig Grad, marschierte den Hügel hoch,
was sich erst besser anfühlte,
so lange, bis es sich nicht mehr richtig anfühlte,
weil die Häuser nicht mehr zu unserer Familie passten.
Ich blieb stehen.

Ging zurück zur Kreuzung, bog dann in die dritte
Straße ein, das dritte Mal der falsche Weg.
Ich blieb stehen.
Ging zurück zur Kreuzung, bog in
die vierte Radspeiche möglicher
Heimwege ein, wieder falsch.
Ich war das letzte Kind weit und breit,
Landmaus, fünf Jahre alt,
kreiselte in der Mitte meines Kompasses,
bei dem ich nicht mehr wusste, wo Norden war.

Ein weißer Handschuh winkte, der Engel war eine Frau.
Sie kauerte sich vor mich hin, die Flügel fein säuberlich
hinter dem Rücken gefaltet, ihre Engelsaugen hatten
alles gesehen, sie wischte mir die Tränen ab
und nahm mich bei der Hand
und führte mich
den Hügel mit den goldenen und rubinroten Blättern
ein weiteres Mal hinauf, weiter als ich mich
auf meinen winzigen Landmauspfoten getraut hätte,
so lange, bis wir oben angekommen waren,
dann auf der anderen Seite wieder hinunter,
ich trippelte neben ihr her, die Häuser
veränderten sich und ganz unten am Fuß
des Hügels stand unser neues Zuhause,
wo meine Mutter vor der Tür auf mich wartete.

Training

Mr Irving wusch, legte und toupierte das Haar
meiner Mutter, stellte sie den anderen Damen vor,
dauergewellt, parfümiert, über ihre Ehemänner
herziehend beim Friseur, ihrem Beichtvater,
der über alle privaten Details Bescheid wusste.
Meiner Mutter empfahl er, sie solle mich doch zum
Schwimmen schicken, die anderen Kinder seien da auch,
und danach wäre ich so müde, dass ich abends gleich
einschlafen und ihr nicht auf dem Kopf rumtanzen würde.

Ich musste erst noch lernen, in Wasser, das tiefer als
fünfzehn Zentimeter war, zu schwimmen. Aber danach
vertauschte ich unseren schlammigen Teich gegen
auszementierte Becken in Schulen und Parks überall,
in der Stadt,
trainierte in der Schwimmmannschaft kaulquappiges
Rückenschwimmen, Schmetterling und Kraulen,
bis mein Körper kräftig, schlank und geschmeidig war,
ein glänzender Wasserpfeil
mit einem schiefzahnigen Lächeln.
Gewinnen war mir nicht wirklich wichtig,
aber auf keinen Fall wollte ich Letzte sein,
besonders wohl fühlte ich mich auf Bahn 7,
lange, langsame Meilen,
Schwimmzug für Schwimmzug,
unterbrochen von Rollwenden.
Wumm!

Unter Wasser war ich
als Meerjungfrau in meinem Element.
Ich spürte, wie mir Kiemen wuchsen,
brauchte für meinen Atem keine Luft mehr.

Köder

Schwimmbad
Unterwasserwelt

Ein Schwarm glitschiger Jungs,
elf, zwölf Jahre alt,
mit haifischzahnigen Fingern
und Zahnlückengrinsen,
schießt auf
die nichts ahnenden Mädchen zu,
acht, neun Jahre alt,
ins Wasser gestoßen,
wie ein Eimer voller Köder
über Bord gekippt wird.

Die Jungs umkreisen sie, schnappen
gierig zu, grapschen zwischen die Beine,
kneifen in die Brüste, spucken sie an
füllen das aufgewühlte Wasser
mit Gier, Hass und Zerstörung.

Danach halten sich die Mädchen
lieber im seichten Wasser auf,
nach dieser Feuertaufe
als Köder,
der ersten schmerzhaften Lektion,
dass die Retter am Beckenrand
immer in die andere Richtung
schauen.

Bücherliebe

Lesen habe ich gehasst. Wie habe ich die Ameisen
verabscheut, die über die Buchseiten krabbelten.
Ich verlor die Lust an der Schule, kämpfte,
auf ein Puzzle reduziert, bei dem Stücke fehlten.
Einmal gebrandmarkt, verblasst das
Gefühl der Blödigkeit nie,
egal wie viele Medaillen du gewinnst.

Wir sind dann mit dem Bus in die Stadt gefahren,
ich und Leslie, die Musik studierte und bei uns
unterm Dach wohnte,
meine Mary Poppins aus New Jersey,
wir sind mit dem Bus in die Stadt gefahren,
die Münzen waren heiß von meiner Hand,
pling pling
in das Kästchen neben dem Fahrer,
die ganze Strecke
bis zu unserer Carnegie-Bücherei,
von einem Einwanderer
vor vielen Jahren erbaut,
damit alle Bücher lesen konnten,
frei und ungehindert von politischen Systemen,
die sie in Unwissenheit halten
und für immer ans Rad ketten wollten.

Leslie versprach mir, dass sie mir die Bücher
vorlesen würde, deshalb brauchte ich keine Angst
vor Fehlern zu haben, und ich schrieb in großen
Buchstaben meinen Namen und bekam meinen ersten
Ausweis, eine Ausleihkarte mit meinem Namen.

Als ich die Bibliothekarin fragte:
»Kann ich alle diese Bücher ausleihen?«,
antwortete sie ernst:
»Natürlich, mein Liebes, nur
nicht alle gleichzeitig.«

Und so kam es dank Leslie und einer Engelschar,
verkleidet als Lehrerinnen und Bibliothekarinnen,
die mich jahrelang mit ihrer nimmermüden
Liebe und stundenlangem Lesenüben unterstützten,
dass die Ameisen geradeaus marschierten,
Wörter formten, Sätze bildeten, Welten erbauten
für das Mädchen, das endlich lesen konnte.

Ich hatte das Sesam-öffne-dich
für die Schatztruhe gefunden
und gab den Schlüssel nicht mehr her.

Haiku

für meine Lieblingslehrerin Mrs Sheedy-Shea

Sie lehrte Haiku.
Suche nach Worten für das,
was ungesagt ist.

Miss Piggy

Indoktriniert durch Zeitschriftencover
mit dürren Angehörigen der weißen Oberschicht
wie den Kennedys
(nur Landeier aßen zu viel),
erwiesen sich
meine emporstrebenden Eltern
als ganz auf der Höhe der Zeit und erstickten
meinen Hunger,
indem sie mich in die Hüften kniffen
und nach dem Fett unter meinem Kinn grapschten,
als ich acht, zehn,
vierzehn, fünfundzwanzig
hungrige Jahre alt war,
da grapschten und kniffen sie mich
und nannten mich dabei *Miss Piggy*,
mit einer Stimme, die als liebevoll
verkaufen wollte, was kränkend und
beleidigend war.
Andere, sagten sie zu mir,
würden mich später hänseln,
weil ich so dick und fett sei,
besser, ich würde mich
gleich daran gewöhnen.

Schamerfüllt

Als wir Mädchen waren, ritten wir auf
als Fahrräder verkleideten Pferden
und jeder, der Augen im Kopf hatte,
konnte sehen, dass wir uns an sie schmiegten,
ihre Mähnen bürsteten und mit ihnen
über die Prärie galoppierten. Wir mussten
dafür die Dorset Avenue nicht verlassen.
Ja, unsere Räder waren in Wirklichkeit
Pferde und wir waren Mädchen voller Magie
und atmeten die Weite inmitten einer Welt
langweiliger Fußgängerzonen.

Nach einem harten Ritt durch die Prärie,
führten wir unsere Pferde noch eine Weile am Zügel
durch die Straßen, fütterten sie mit Zuckerstückchen,
pumpten ihnen die Reifen auf, bogen die Spielkarten
in den Speichen gerade, die mit *rattata-rattata-rattata-tat*
unser Kommen ankündigten.
Immer hatten wir aufgeschürfte Knie, mit Schorf bedeckt,
vom Sturz auf dem buckeligen Gehsteig, der sich
durch den starken Frost bei uns im Winter gehoben hatte
und nur noch durch die Wurzeln längst
abgestorbener Bäume zusammengehalten wurde,
dennoch wurde nichts repariert,
wie um die Kinder zu lehren,
auf ihre Schritte zu achten.

Mein Springseil benutzte ich als Zügel für mein Pferd,
als Lasso für ausgebrochene Kälber
und als wirbelnden Derwisch für unsere Mädchenspiele,
in den Himmel hoch gesprungen, die Erde berührt,
in schnellem Rhythmus und dazu unsere Reime
gesungen. Oft verhedderten wir uns und strauchelten,
schlugen uns unsere halb verheilten Knie auf,
leckten uns die blutenden Wunden
und begannen wieder von vorn.

Mein Fahrrad hatte hinten einen Gepäckträger,
mehr zur Zierde vermutlich, aber aus Metall.
Eines Tages ließ ich die kleine Schwester
eines Mädchens aus der Nachbarschaft
hinter mir auf meinem Pferd mitreiten,
ihre Schnürsenkel verhedderten sich
in den Speichen, ihr Fuß verdrehte sich
grauenhaft, war gebrochen.
Die Schreie der kleinen Schwester drangen
bis zu mir in den Wäscheschrank, wo ich mich
stundenlang versteckte, schluchzend und
von Entsetzen gepackt, weil ich daran schuld war,
nein, war ich nicht, doch,
ich war schuld daran, ich ganz allein,
monatelang musste sie
einen schweren Gips tragen.

Das Pferdchenspiel war danach für mich beendet.

Scham steckt dir widerspenstig
wie Erbrochenes in den Haaren,
bleibt kleben, egal wie oft du sie wäschst.

Manchmal musst du dich am Schädel
kahl scheren
und neu anfangen
wie ein frisch geschlüpftes Küken,
den schwachen Fäulnisgeruch
kaputter Magie
in verstreuten Eierschalenscherben
hinter dir lassend.

Heimgezahlt

Nach *Wilbur und Charlotte,*
aber vor *Betty und ihre Schwestern*
klaute meine Schwester
den Schlüssel zu meinem
grün eingebundenen
Tagebuch.
Sie hat es gelesen
und mich mit ihrem Wissen
erpresst.

Wir teilten uns ein Zimmer, das
durch einen Streifen Klebeband
auf dem Boden und im Kleiderschrank
in zwei Hälften zertrennt war,
die rote Linie
durfte nicht überschritten werden.

Irgendwelche Verbrechen oder schweren
Verstöße hatte ich nicht begangen, ich war
erst in der fünften Klasse, doch sie verpetzte
mich, dass ich in Mathe gespickt hätte und
vorhabe, es wieder zu tun.

Aber das habe ich ihr heimgezahlt,
indem ich ihr im Dunkeln,
vor dem Einschlafen,
Gruselgeschichten erzählte.

Ich sei nämlich in Wirklichkeit ein Vampir,
wie die Muttermale an meinem Hals bewiesen,
und manchmal würde ich mich auch
in einen Werwolf verwandeln.
Im Mondschein schmiedete ich so meine
Geschichten, bis sie laut nach Mom rief,
von der ich dann angebrüllt wurde,
ich solle meiner Schwester keine solche
Angst einjagen. Für die nächsten Tage
bekam ich Hausarrest, deshalb machte ich
es nie wieder, aber ich drohte damit,
sobald meine Schwester die rote Linie
verletzte.

Eigentlich schulde ich ihr
noch etwas, meiner Schwester,
dafür, dass sie mir den Schlüssel
zu meinem Tagebuch geklaut
und meine Geheimnisse
ausgeplaudert hat,
denn sie hat dadurch in mir
das Bedürfnis entzündet,
im Dunkeln
Geschichten zu spinnen.

Vervielfacht

1. Daddy liebte Jesus, redete über ihn so viel, dass ich der Meinung war, es handle sich um einen Cousin von ihm, vielleicht einen etwas entfernteren Cousin von ihm, was erklären würde, warum er an Thanksgiving nie bei Grandma war. Daddy war Studentenprediger und arbeitete in der Kirche auf dem Universitätsgelände und ich durfte ganz allein zu ihm gehen, wenn ich, bevor ich die Straße überquerte, vorsichtig in beide Richtungen schaute.

2. Mein Job war, in die Schule zu gehen, und worin ich wirklich gut war, das waren Pause und Mittagessen. Aber das Seil hochklettern, das in der Turnhalle von der Decke hing, konnte ich nicht. Freitags versuchte ich immer krank zu sein, damit ich nicht beim Vorbuchstabieren kläglich versagte. Auf dem Pausenhof war die Ansage klar, zwischen Mädchen und Jungen herrschte Krieg, und dafür schäme ich mich heute, denn bestimmt hat es auch ein paar von uns gegeben, die sich auf der anderen Seite wohler gefühlt hätten, und ein paar hätten sicherlich lieber ganz neue, andere Gruppen gebildet, aber die Welt war für uns durch ungeschickte Kreidelinien in ein Entweder-Oder aufgeteilt und wir konnten nur versuchen, es besser zu machen, wenn wir später einmal selber dafür die Verantwortung tragen würden.

3. Über den Campus hallten die Proteste gegen den Vietnamkrieg, unser Haus war jedes Wochenende angefüllt mit wütenden Student*innen, Mom kochte für sie große Bottiche Spaghetti und stellte ihnen Backbleche mit Brownies hin. Daddy hatte in der Zeit sehr viel zu tun, denn die Studierenden waren so high, dass sie glaubten, fliegen zu können, und im fünften Stock des Wohnheims reihenweise aus dem Fenster sprangen, was grauenhaft war. Die Trauer und die Wut und die Proteste und die Soldaten und das Gebrülle und die Gewehre und das FBI, das unser Telefon abhörte, und die Leichenberge von Dachau ließen meinen Vater damals schlecht schlafen, er konnte die Asche aus den Verbrennungsöfen wieder riechen und meine Mutter sorgte sich um ihn, fürchtete, er würde sich umbringen, und das tat er auch, aber in Zeitlupe.

4. Schließlich lernte ich doch noch lesen und schließlich wurden doch noch an unserer Schule schwarze Kinder in die Klassen integriert und sie waren wirklich nett, aber komplizierte Bruchrechnungen kriegte ich einfach nicht hin und meine Mutter schnitt mir die Haare viel zu kurz wegen dem Schwimmen und alle hielten mich daraufhin für einen Jungen, was ich NICHT LUSTIG fand, weil ich kein Junge war und auch keiner sein wollte. Jungs waren einfach eklig.

5. Mein Vater war Delegierter auf dem Nominierungsparteitag der Demokraten, er zwang uns, am Radio die Watergate-Anhörungen mitzuverfolgen, und hasste Richard Nixon von ganzem Herzen und aus tiefster Seele; wenn er betrunken war, drohte er damit, diesen Hurensohn zu töten, der das Land kaputt machte. Ich beobachtete, wie der Ginspiegel in

der Flasche immer niedriger wurde und begriff, dass es wichtiger war, die leeren Flaschen zu zählen.

6. Frühsommer, sechste Klasse, wir waren alle in den Musiksaal gezwängt, es war heiß und stickig und es hat gerochen, wir waren schon fast Siebtklässler, die Stühle waren für uns zu klein und unsere Hormone EXPLODIERTEN. Gleichzeitig waren wir Kinder, die einfach nur schwitzten. Alles ziemlich verwirrend damals. Unsere Musiklehrerin Mrs Schermerhorn schleppte sich mit uns durch die Probe für das Schulkonzert, auf das keiner Lust hatte, wir hatten grässliche Stimmen und wir waren schreckliche Kinder, aber

auf einmal geschah etwas

die Planeten änderten ihre Umlaufbahn, die Götter spielten Schach mit den Sternen, ein Schmetterling schlug in Bangladesch mit den Flügeln,

als sie uns nämlich »Climb Ev'ry Mountain« singen ließ, ja genau, das Lied aus *Sound of Music,* als Maria und ihre Familie auf der Flucht vor den Nazis in einem Kloster Unterschlupf finden, ein Lied, das davon handelt, Widrigkeiten im Leben zu überwinden, da sangen wir dieses Lied fehlerlos und ohne herumzualbern, und als wir geendet hatten, hüstelte Mrs Schermerhorn und räusperte sich und ermahnte uns, still auf unseren Plätzen zu bleiben, und dann rannte sie hinaus

(natürlich zappelten wir herum und schwätzten und jammerten und furzten und verdrehten die Augen, es war Juni und das Schuljahr war bald zu Ende).

7. Dies alles geschah zu der Zeit, als meine Eltern sich um Schulkonzerte oder Zeugnisse schon nicht mehr kümmerten. Ich hielt mich damals für das einzige Kind mit einem Haus, das in Flammen stand, aber das war ich nicht.

8. Mrs Schermerhorn kehrte mit unserer Direktorin Miss Hartnett zurück und befahl uns, das Lied noch einmal zu singen. Wir waren wie zu viele einjährige Kälber in einem zu kleinen Gehege, unruhig, wir wollten nicht gehorchen, aber wir hatten keine andere Wahl, wir sangen

uns öffnend,
uns der Musik überlassend.

Ungefähr neunzig Stimmen, einige im Stimmbruch, andere von unsichtbaren Gewichten niedergedrückt, sammelten sich, ein Starenschwarm, harmonisch sich vereinend, widerhallend, die Fenster zum Erzittern bringend, so viel Schmerz lag darin, in den klopfenden Herzen der Kinder, die wir damals noch waren, die Gesetze der Physik einen Moment lang außer Kraft gesetzt, für die Dauer eines Lieds aus einem Broadway-Musical, das zwei beeindruckende, stets freundliche, vom Schicksal übergangene Frauen zum Weinen brachte und uns an einen Platz erhob, der von uns unverstanden blieb, denn dafür waren wir noch zu jung.

Erstes Blut

Wenn Männer im Jahr 1972
ihre Ehefrauen vergewaltigten,
dann war das vom Gesetz erlaubt.
Das Eigentumsrecht, muss man dazu wissen,
war damals ein und alles.

Ich bekam 1972
meine erste Periode
und wusste nicht,
warum ich blutete.

Wenn ein Chef im Jahr 1972
eine Angestellte begrapschte,
dann war das vom Gesetz erlaubt,
denn die Chefs
(alle männlich)
machten die Regeln.

Wir Mädchen sahen 1972
im Unterricht einen Film über
Körperhygiene, Tampons und Binden,
der uns total verwirrte,
weil dort kein einziges Mal
von Blut die Rede war.

Wenn Frauen gefeuert wurden
im Jahr 1972,
weil sie schwanger waren
im Jahr 1972,

dann war das eben so,
weil es vom Gesetz erlaubt war
im Jahr 1972,
da wurden keine Fragen gestellt.

Wir lernten, dass
der Umgang mit Jungs
gefährlich war
im Jahr 1972,
denn durch ihr Pipi
konnten wir schwanger werden
und von der Schule fliegen.

Das FBI spionierte Frauen aus
im Jahr 1972
und das war vom Gesetz erlaubt.
Die Männer fürchteten nämlich,
dass die Frauenbewegung ihrer
Herrschaft ein Ende machen könnte.

Meiner Mutter fehlte 1972
der Mut zu einem offenen Wort,
deshalb konnte sie mir
das Rätsel meiner Blutung
nicht erklären.
Sie überreichte mir eine
rosa Schachtel mit Tampons,
Gebrauchsanweisung im Innern versteckt,
und schloss dann
wortlos
die Tür zwischen uns.

Eingehegt

Levy Junior Highschool, siebte Klasse,
lange dunkle Schulwege an Wintermorgen,
die Welt tief in Schnee verpackt.
Das Spiel bestand darin, sich an die hintere
Stoßstange eines Schulbusses oder Brotlieferwagens
zu hängen, um sich durch die vereisten Straßen
von Syracuse ziehen zu lassen. Als wär's der Festzug
der Mysterien von Eleusis, so schlitterten wir unserer
Pubertät entgegen. Mom hasste diese Schule wegen
der Messerstechereien, mir gefiel es da, auch wenn
meine Schüchternheit mich an die Seitenlinie verbannte,
man kann aus Beobachtung viel lernen. Ein großartiger
Kunsterzieher brachte uns bei, welche Freude es macht,
ein Ding von Grund auf zu gestalten.

Achte Klasse, ein neues Schuljahr, eine neue Schule
und ich die stille, begabte Schülerin mit Stipendium.
Mom war glücklich, weil es dort keine Messerstechereien
gab, überhaupt keine Kämpfe, außer man zählt dazu
das Hauen und Stechen um den Rednerjob auf der
Abschiedsfeier ganz am Ende der Schulzeit.
Ich war Cheerleader, kaum zu glauben, eines von
drei Mädchen in der untersten Reihe der Pyramide,
pomponös, in bescheidener, kratziger Uniform.
Ich lernte Degenfechten, befasste mich mit Essigbäumen,
erprobte den fragilen Tanz der Freundschaft.

Aber es war Mr Edwards,
der mein Leben veränderte.
Er unterrichtete uns nicht nur in griechischer
Mythologie, er verzauberte uns
mit Erzählungen von Göttern und Kriegen,
von Müttern auf der Suche nach ihren verlorenen
Töchtern, von Mädchen, die sich
in Bäume verwandelten,
um ihren Vergewaltigern zu entkommen.
In dieser Schule wäre ich am liebsten
für immer geblieben.

Auf dem Friedhof

Wenn ich nicht gerade schwimmen war,
verbrachte ich zwischen elf und dreizehn
die Sommer auf dem Friedhof,
dem Oakwood Cemetery,
wo ich Tag für Tag
auf einem flachen, warmen Grabstein
lag und las
und las und las und las und las,
gierig nach fantastischen Abenteuern
und Geschichten,
heimgesucht von verirrten,
hungrigen Mädchen
aß ich auf dem Grab
salzige rote Äpfel,
die schlafenden viktorianischen Leichname
fütterten mich mit Geheimnissen,
Käuzchen spähten aus einem
Wäldchen mit alten Kiefern,
wir alle hofften,
warteten auf Zeichen der
verheißenen
Verwandlung.

Fahrschule

Mein Vater ließ mich das erste Mal
ans Steuer, da war ich zwölf,
auf alten Holzfällerwegen im Wald,
ein paarmal auch in der Stadt,
wenn er weit über den Durst
getrunken hatte.

Ich fuhr in heller Panik,
baute nie einen Unfall,
kein Kratzer im Lack,
er war stolz auf mich
und das hieß eine Menge.

Meine Mutter erfuhr nie
von diesem heimlichen Pakt
mitten im kalten Krieg
unseres gigantischen Familiencrashs.
Als sie mir dann später
das Autofahren beibringen wollte,
tat ich so, als ob
ich völlig ahnungslos wäre.

(De-)Eskalation

Meine Mutter hat mich
das letzte Mal
ins Gesicht geschlagen,
als mein Vater seinen Job verlor
und wir vom Flächenbrand verschluckt wurden,
der den Esszimmertisch verkohlte
und die Gardinen auflodern ließ,
während es durch die Decke Bomben regnete.

Man muss es schon so richtig versauen,
um von der Kirche gefeuert zu werden,
wegen der Liebe, Jesus und so weiter,
und jede Menge Prediger gibt es, die
in Glashäusern ihre eigene Schande ausleben,
weshalb sie selten mit Steinen werfen,
aber meinen Vater, den hatten sie
aus kleingeistiger Eifersüchtelei und wegen
dummer, überflüssiger Fehltritte auf dem Kieker,
sie haben ihn vor ihr Gericht berufen
und ihn als Putzlappen für ihren Schmutz benutzt,
den Boden unter ihren Füßen mit ihm poliert, ihn
exkommuniziert, feinsinnig und zeremoniell,
mit Glocke, Buch und Kerze
kippten sie den Sockel meines Vaters um.
Sein Sturz war tief,
und weder den König noch sein Heer
kümmert' es einen Scheißdreck mehr.

Ich habe mit ihm über irgendetwas Blödsinniges
gestritten, so durcheinander war ich, weil
unser Leben in Flammen stand.
Ich solle den Mund halten, rief mein Vater und
stürmte davon und ich streckte seinem fliehenden
Rücken die Zunge heraus, als meine Mutter
um die Ecke gebogen kam,
jähzornigen, wie sie war,
rutschte ihr die Hand leicht aus
und da hat sie mich geschlagen.

Ich war beinahe so groß
wie sie
und genauso wütend
und viel, viel stärker.

Wir starrten uns an,
nachdem es geschehen war,
ein Funke hätte genügt,
um alles in Brand zu stecken,
die totale Zerstörung
wortlose Feuersbrunst,
aber sie war meine Mutter,
also schluckte ich den Spiritus hinunter
und neigte ihr mein Gesicht entgegen,
bis es ihr Spiegel wurde.

Wie gesagt,
es war das letzte Mal,
dass sie mich geschlagen hat.

Einpacken fürs Exil

Sieben Jahre lang wohnten wir
in dem Haus am Berkeley Drive,
lang genug, um mich zu glauben zu lassen,
dies sei unser Heim.
Selber schuld.
Als Kind eines Predigers ziehst du oft um,
da streichst du dein Zimmer nicht, wie es dir
gefällt, oder klebst Plakate an die Wände,
die Kirche kauft die Möbel, bezahlt die
Hypothek ab und stellt alle Regeln auf.

Mein Vater verschwand
von der Bildfläche,
genauer gesagt, er löste sich
einfach in Luft auf
und überließ es meiner Mutter,
unseren Umzug zu bewältigen,
wie Herkules,
als er den Augiasstall auszumisten hatte,
kämpfte sie gegen einen anschwellenden
Strom von Drecksarbeit.
Weil sie die Vergangenheit
hinter sich zurücklassen wollte,
hat sie alles weggeworfen,
Stapel von Gesangbüchern,
ihre Posaune,
Generationen von Familienbriefen,

Quilts und Ahornsirupeimer,
Fotografien, bei denen ihr die Augen bluteten,
Pasteten aus der Tiefkühltruhe.
Sie hat die Erinnerung an
Weihnachtsfeste ohne Tränen
weggeschmissen,
an den Abend, an dem sie mein Vater
ausgeführt hatte, was selten genug vorkam,
in ihrem schwarzen Etuikleid mit weißem Kragen,
ihr Parfüm hieß Joy, von Zitrusduft umhüllt.
Sie hat den Mondspaziergang
der Astronauten aussortiert,
den gebrochenen Arm meiner Schwester,
meinen Auftritt als Sängerin
mit der Haarbürste als Mikrofon,
alles ausgemistet.
Grandpas Griff zur Schrotflinte,
als ihm klar wurde,
dass die Elektroschockbehandlung nichts half,
auf den Müll geworfen,
Zelten im Wald, tanzende Glühwürmchen,
Marshmallows über dem Feuer,
nichts wie fort damit.
Nur unsere Körper, wie aufgespießte
Käfer an einer Korkwand,
packten wir dicht nebeneinander
in den Umzugswagen.

ES, erster Teil – Benzin

Erinnert ihr euch an diesen Satz in *Sprich*
als Melinda sich wundert:
»Ich habe tatsächlich geglaubt,
ich würde mit der Highschool beginnen
und hätte schon einen Freund«?
Ja, das war ich,
naiv, ein paar Tage lang,
mit dreizehn.

Unser Umzug erfolgte im Juni,
ein Scherbenhaufen von Familie,
die neue Wohnung war
orangebraun und avocadogrün,
zwei Schlafzimmer.

Mit dem Geld vom Babysitten
kaufte ich mir das
Goodbye-Yellow-Brick-Road-Album.
Der Junge von der anderen Straßenseite
hatte ein Motorrad, für das er jede Nacht
Benzin abzapfte. Der Trick, sagte er,
bestehe darin, von jedem Auto
nur eine geringe Menge zu klauen,
sodass keiner etwas merkte.

Einmal packte er mich.
Presste mich gegen eine
Backsteinmauer, die Hände
dreist geölt mit Erfahrung,
seine Arme dicke Metallkabel,
die mich umschlangen und festhielten.

Ich kämpfte, wollte ihn
wegstoßen, vergebens,
sein Mund gierte nach
mir und ich biss ihn,
bis ich Blut schmeckte.

Wütend wich er zurück,
brüllte, Menschenbisse
seien giftig, voller Bakterien.
Hoffentlich, sagte ich.

Der Junge war ein Vorgeschmack,
brandgefährlich,
aber war noch nicht: ES.
Mein schaler Sieg
hielt nicht lang vor.

ES, zweiter Teil – Bäume

Ein paar Wochen später sind wir
in eine andere Wohnung umgezogen.
Ich freundete mich mit Mädchen an,
die für Lipgloss mit Fruchtgeschmack,
Vinnie Barbarino und The Fonz schwärmten,
großes Gekichere.
Mädchen, durch die ich auf ES stieß,
der Freund einer Freundin eines Freundes,
denn jeder ist dein Freund oder deine Freundin,
wenn du dreizehn bist und
dich einsam fühlst.

Beschädigte Kinder riechen sich meilenweit,
wahre Mutanten, X-Kids, ihrer Verwirrung,
ihren Wunden und ihrem Zorn überlassen. Ich hielt
seine Hand, mochte unseren schweigsamen Sommer,
das ziellose Umherschweifen.
Keine Liebesgeschichte,
aber es war tröstlich,
einen Jungen, der nach Tabak roch,
einen Jungen, der älter,
der größer und stärker war als ich,
neben mir zu haben.

Heute glaube ich, dass sein Leben ein heilloses Chaos war.
Die Angst steckt immer noch in mir, ich frage mich.
wie viele Mädchen er wohl verletzt hat,

ob ihm selber zuvor auch so etwas angetan worden war
oder ob er einfach nur ein Verbrecher
und Scheißkerl gewesen ist.

Dann kam der grüne August, zerfließend
heiße Tage, aus dem Stundenglas des Jahres
tropfend, unaufhaltsam und unerbittlich
wuchs der Schulanfang den Kindern
entgegen, die mit aller Macht jede Minute
des Sommers festhalten wollten, wie man
Blumen zwischen Buchseiten trocknet.
Gemeinsam gingen wir den Hügel hinunter
zum Bach, fern der Hitze, die Bäume
unsere Schatten spendenden Gefährten,
plapperndes Wasser riss alle Rede an sich,
wir warfen Kieselsteine ins Wasser, alles
war so ruhig, daran erinnere ich mich,
an die Ruhe, ich fühlte mich geborgen,
ich war glücklich und warf Kieselsteine
ins Wasser neben diesem Jungen, der
nach Tabak roch und mein Freund war.

Als er sich dann umdrehte,
um mich zu küssen,
berührte ich voller Freude mit meinem Mund
den seinen, so ein Kuss war neu für mich,
glücklich spielte ich am Bach
mit dem Jungen,
dessen Hände schnell, viel zu schnell
und überallhin über meinen Körper wanderten,
wie eine Sturzflut plötzlich die verwunderten
Ufer eines Bachs überschwemmt,

bei dem keiner an Schutz, an den Bau
eines Damms oder einer Brücke zur Flucht
gedacht hat.

Seine Hände-Arme-Schultern-Rücken-
Muskeln-Sehnen-Knochen,
eine Lawine an Kraft und Gewalt,
die mich unter sich begrub,
der Lauf vorherbestimmt,
die eine Hand auf meinem Mund,
sein Körper bedeckte meinen, erdrückte ihn,
erstickte ihn unter sich.

Ich löste meine Augen von dem Zorn
in seinem Gesicht und schaute empor
zum grünen Frieden der Blätter,
die über mir in der Luft flirrten, Bäume,
Zeugen meiner schmerzhaften Scham,
zog mich in den hintersten Winkel
meines Bewusstseins zurück, wartete,
dass die Zeit verstrich, versteckte mich,
überlebte,
indem ich ES zu einer Sache machte,
die außerhalb von mir geschah.

Als er damit fertig war,
meinen Körper benutzt hatte,
richtete er sich auf,
zog den Reißverschluss seiner Jeans zu,
zündete sich eine Zigarette an
und ging davon.

ES, dritter Teil – Wette mit dem Teufel

Viele Jungen an unserer Schule veranstalteten
Mutproben, um ihren Rang in der Hackordnung
zwischen echten Kerlen und Feiglingen zu sichern,
dumpfer Unterton im kalten Strom des Zweifels,
der an ihren Herzen nagte.

Ein Junge verlor beim russischen Roulette,
ein Revolver, sechs Kammern, mit einer Kugel geladen,
die Trommel gedreht, keiner wusste, wo sie sich befand,
die Waffe von Hand zu Hand weitergereicht,
den Rauchkringeln einer Bong folgend,
Lachen, modriger Kellergeruch, Jungsschweiß,
Rülpser und Furze, billiges Bier,
und der Revolver macht *klick*,
in der nächsten Hand *klick*,
weiter zur nächsten Hand,
bevor das Gelächter erstirbt,
BUMM.

Es hat ihn nicht umgebracht.
Er war schlau genug, den Lauf des Revolvers
in einem flachen Winkel anzusetzen, sodass
die Kugel ihm nur seine Erinnerungen nahm,
sich durch sein Inneres fraß und ihn erblinden ließ.
Er wurde ein stiller, freundlicher Ruhepol in der leeren
Garage, wo er zwischen den Schulstunden
geraucht hat, vor der Kälte geschützt, seine schwarzen

Haare lang genug, dass sie seine Narben
bedeckten, den weißen Blindenstab in der Hand,
die alten Freunde um ihn herum.

Viele Jungen an unserer Schule veranstalteten
Mutproben, unzählige Varianten des Spiels.

Der Junge, der mich auf den Steinen
am Bach vergewaltigte,
legte sich achtundzwanzig Nächte später
volltrunken auf eine finstere Landstraße,
ging eine Wette mit dem Teufel ein,
dass das Auto, von dem er nicht gesehen
werden konnte, zuerst ausweichen würde,
er aber würde nicht mit der Wimper zucken,
tapfer und edel.

Ich erzählte niemandem, dass
dieser Junge mich vergewaltigt hatte,
stattdessen verbrühte ich mich unter
der Dusche und wurde zu einem Gespenst
des Mädchens, das ich vorher war.
Am meisten Angst hatte ich, dass mein Vater,
mit dem Teufel und seinen Verlockungen
nur allzu vertraut, den Jungen töten würde

und es wäre alles meine Schuld.

Doch der Junge, der mich auf
den Steinen am Bach vergewaltigte,
legte sich volltrunken in einer
finsteren Nacht auf die Landstraße,

um eine Wette mit dem Teufel einzugehen,
und er verlor.

Ich habe meinen Vater gebeten, mich
zur Beerdigung zu fahren, habe ihn
angelogen und behauptet, dieser Junge sei
mein Freund gewesen.
Er musterte mich, mein Vater,
mit seinem unbestechlichen Blick,
mein sanftmütiger Vater, er hörte
etwas in meiner Stimme,
aber nach einem bohrenden Blick
beschloss er das Verhör,
unterschrieb mir die Entschuldigung,
holte mich von der Schule ab
und ging mit mir an einem grau
verhangenen Septembertag, an dem
der Wind bereits den Winter verhieß,
zum offenen Grab.

Mein Vater hatte mir den Arm um die
Schultern gelegt, während meine Tränen
mein Innerstes nach außen kehrten, so
heftig musste ich weinen, so dankbar
war ich, dass ES aus und vorbei war.

Dabei hatte es
gerade erst begonnen,
aber das wusste ich nicht.

Zerfließende Uhren

Wochenlang kam mir gar nicht,
dass ich schwanger sein könnte,
und als mir der Gedanke kam,
kotzte ich heulend ins Klo,
von Angst gepackt,
dass ich kotzen musste, weil da
ein Baby in mir wuchs,
aber am Tag darauf blutete ich,
ein Strom von Blut,
und war dankbar dafür.
Auch an sexuell übertragbare Krankheiten
dachte ich nicht, wusste nicht mal, was das war,
ehrlich gesagt,
nachdem ich vergewaltigt worden war,
konnte ich überhaupt nicht viel denken.
Meine Gefühle – im Schrank und
unter dem Bett versteckt, in Schatten gehüllt
und hungrig, finstere Gebirge, rauschende
Ozeane – drohten mich zu überschwemmen.
Sobald ich den Mund aufmachte,
fürchtete ich, würde ich
nie mehr aufhören können
zu schreien.

Schmerztherapie

Meine Eltern berauschten sich an Zorn und Gin,
als wir in hastig angemieteten
Wohnungen lebten, teilmöbliert mit Sofas
und Betten, die nach Fremden rochen,
die Böden blank gescheuert
von Bedauern und Reue.

Wenn ein Wolf verwundet ist,
zieht er sich an einen dunklen Ort zurück,
brennt die Verletzung mit Fieber aus,
liegt still, damit die Knochen wieder
zusammenwachsen können, oder
er stirbt allein.
Aber wir waren keine Wölfe.

Wir sind umgezogen
und wieder umgezogen,
weil wir keine Wölfe waren,
das Maul der Eisenfalle zugeschnappt
um unsere Knöchel,
jede Nacht kamen Adler und
fraßen uns die Leber weg,
das Rad der Zeit,
an dem meine Eltern,
auf den äußeren Schein bedacht,
zerbrachen,
drehte sich weiter

bis sie
berauscht an Gin und Zorn,
verknöcherten.

Kein Wunder, dass ich mich zudröhnte.

angefixt

kicherte
knabberte zuckersirupsüße kekse, gebacken gekriegt –
ha, ich hab gebacken gekriegt gesagt –
von meiner großmutter
saugte musik auf BOSTON BOB SEGAR BLACK SABBATH
BLUE ÖYSTER CULT SUPERTRAMP DOOBIE BROTHERS
ALLMAN BROTHERS BILL WITHERS EAGLES
STEVIE WONDER STEELY DAN LYNYRD SKYNYRD
AEROSMITH
TEMPTATIONS SANTANA GENESIS LED ZEPPELIN
FLEETWOOD MAC
strömten durch meinen körper
soooooooooooooooooooooooooooooooooooo
langsam
ich machte zeichnungen
strich sie durch, verworfen, mit einem schwarzen
filzstift, hab sie weggeschmissen

mit gras zugedröhnt betäubt dankeschöndankeschöndankeschöndankeschöndankeschön
der schmerz, grünspan skelett schlüssel
im verrosteten schloss meines hirns
umgedreht, ich erkannte, ich konnte
verdammt noch mal die verbindungen *sehen*
zwischen allem und jedem
das vier-
nein, das fünfdimensionale schachbrett
auf dem wir tanzten

ich kritzelte notizen in bleistift
flaschenpost, die ich
in mein inneres meer warf
verlor mich in den tiefen
fühlte mich high
alles fluchtversuche
saß mit geschlossenen augen in der sonne
wollte meine lider zurückschieben
kannte ein mädchen, todeswütig high auf heroin
(nicht gras)
ihre blassen augen anfangs beinahe so weiß
wie ihre haare, als sie todeswütig high die lider
für einen blinzelwettbewerb mit der sonne
starr aufriss
die sonne hat gewonnen
danach konnte sie
nicht mehr gut sehen
aber sie wurde clean
keine sorge
ich hielt die augen geschlossen,
wenn ich geraucht hatte, döste ich normalerweise
gelangweilt vor mich hin
bis zum kinn
im langsam erstarrenden beton

Neunte Klasse: das Jahr, in dem ich dumpf vor mich hin lebte

1. Ich vergaß ganz oft, in den Unterricht zu gehen, sogar wenn ich Fächer wie Französisch oder Sozialkunde hatte, die ich eigentlich mochte. Und wenn ich daran dachte, fiel es mir schwer, wach zu bleiben, weil ich nachts nicht schlafen konnte. Anfangs habe ich mich in der Bücherei herumgetrieben, wenn ich vergessen hatte, in meine Kurse zu gehen, bei den Regalen mit den Fantasybüchern. Später lernte ich Jugendliche kennen, die nur ein paar Häuserblocks von unserer Schule entfernt wohnten. Sie teilten ihre bekifften Nachmittage mit mir, wir hörten gemeinsam Musik und taten so, als wären wir keine verlorenen Seelen.

2. Verbrennungen durch Beton sind tödlich und auch tückisch. Steck die Hände oder Füße in nassen Beton und es fühlt sich wie Milchshake an. Du würdest nie darauf kommen, dass danach eine Amputation notwendig ist.

3. Ich hatte keine echten Freund*innen, ein Freund ist jemand, dem du vertraust, und nachdem der Junge mich vergewaltigt hatte, vertraute ich so leicht niemandem mehr. Aber ich hatte ein paar Leute, mit denen ich mich zudröhnen konnte, mit denen ich mir die Sandwiches teilen konnte. Manchmal hatte ich auch eine Gruppe, mit der ich durch die Korridore in unserer Schule unterwegs war. Wenn jemand neben dir geht, tut es nicht so weh, verspottet zu werden. Ich war dankbar für meine Beinahefreundschaften.

4. Es ist alles eine Sache des pH-Werts. Essig ist eine Säure und hat den pH-Wert 2,4. Haut ist auch sauer und hat einen pH-Wert von 5,5. Nasser Beton hat den pH-Wert 12 und ist damit verdammt alkalisch. Ätzend genug, dass er dich bei lebendigem Leib auffrisst.

5. Sie nannten uns die Schmuddelkinder: die Clique der X-Kids, die nach Zigaretten und Gras und Stall rochen, nach lange nicht mehr gewaschenen Kleidungsstücken, weil der Waschautomat teuer war und es vor allem darum ging, nicht zu frieren. Wir waren nicht die Einzigen, deren Eltern betrunken oder gewalttätig waren oder ihre Kinder sträflich vernachlässigten. Aber wir waren die Kinder mittelloser Eltern, die mit solchen Scheißproblemen zu kämpfen hatten. Die Rangordnung an unserer Schule folgte strikt den Einkommensklassen, an der Spitze standen die Kinder, die mit ihren Eltern in den Winterferien zum Skifahren nach Colorado fuhren. Wir Schmuddelkinder bildeten den Bodensatz.

6. Wahrscheinlich war die Sache viel komplizierter, aber so hat es sich angefühlt, wenn man sich in der Sozialpyramide ganz unten befand, ein Schattendasein tief im Keller fristete.

7. Beton brennt weiter, auch nachdem du ihn von der Haut abgewaschen hast. Die Gabe, die unaufhörlich gibt, der Tod, der unendlich tötet.

8. Einmal saß ich mit vier anderen auf der Rückbank eines Chevrolet, vorne noch mal drei und der Fahrer, wir waren total breit und kurvten in einem alten Steinbruch herum, gefährlich nah an der Kante entlang, und dann musste etwas geschehen sein, denn der Fahrer kehrte auf einmal um,

fuhr schnurstracks nach Hause zurück und sagte den Rest der Nacht kein Wort mehr. Am nächsten Tag ging ich zum Steinbruch zurück und fand dort unsere Reifenspuren. Es hatten nur noch Zentimeter gefehlt und wir wären in die Tiefe gestürzt. Mit diesen Freunden bin ich danach nie mehr losgezogen.

9. Beton brennt sich dir durch die Haut und das Fleisch, er verbrennt dich bis auf die Knochen, wenn man sich keine Hilfe holt.

10. Eines Abends mixte ich billigen Whiskey mit russischem Gewürztee, der nach angeschimmelten Orangen schmeckte. Es war in unserer Familie üblich, sich mit Schnaps zu betäuben, wenn grässliche Dinge passiert waren, über die man nicht reden wollte: dass Dad gefeuert worden war, dass uns der Strom gekappt worden war, dass Mom abends nur Haferflocken aß, damit wir uns ihren Hamburger teilen konnten, oder dass ich vergewaltigt worden war. Über Vergewaltigung wurde bei uns zu Hause nicht geredet. Nie. Was ich nach meinem Whiskey-Tee-Mix stundenlang herauskotzte, hatte eine erstaunliche Farbe. Whiskey oder russischen Gewürztee kann ich bis heute nicht ausstehen.

11. Meine große Dummheit begann damit, dass ich den Warnton meines inneren Alarmsystems abstellte. Aber abgestumpft durchs Leben zu tappen macht alles nur noch komplizierter, tritt Lawinen neuer Probleme los.

12. Ich war nicht nur bis zum Kinn von langsam erstarrendem Beton umschlossen, er floss mir auch die Kehle hinunter. Als würde ich einen Wettbewerb veranstalten, woran ich früher sterben würde: indem ich von außen nach innen oder von innen nach außen verbrannte.

Diagnose

Bei einem Sturz oder Unfall, wenn ich mir das Knie
aufschrammte oder mit dem Kopf voran
durch eine Windschutzscheibe geschleudert
wurde, mir einen Finger abschnitt
oder durch einen Hai ein Bein verlor, dann wusste ich,
was ich zu tun hatte: einen Druckverband anlegen,
um die Blutung zu stillen, Handtücher, Decken,
Pullis, egal was, um das Blut zum Gerinnen zu bringen,
den Blutverlust zu stoppen.
Mit Angelhaken und Zwirn, mit einem Tacker oder einer
Nagelpistole würde ich meine Wunden vernähen,
falls nötig mit einem Schweißbrenner die Wirbel neu
verlöten, die Hautransplantate zusammenkleben.
Wenn ich mich selbst wieder zusammengesetzt hätte,
würde ich einen Arzt brauchen, denn meine kaum
verheilten Wunden würden von Bakterien, Viren,
Parasiten und anderen gefährlichen Krankheitserregern
heimgesucht werden, manche davon tödlich, andere
lediglich zu einer dauerhaften Verkrüppelung führend.
Das alles wusste ich.
Ich hatte beim Erste-Hilfe-Unterricht aufgepasst.

Aber nirgendwo hatte ich einen Notfallkoffer
für die Seele gesehen oder das Wort »Trauma« gehört,
um zu verstehen, warum ich mich versteckte,
unsichtbar durch die Tage glitt oder im Kleiderschrank
versteckt in die Kissen schrie, die Tür fest zugezogen,

obwohl niemand zu Hause war.
Eine Vergewaltigung verletzt dich zutiefst, zerfetzt
dein Innerstes mit Granatsplittern, reißt dich auf.
Der Gestank deiner Wunde zieht Maden an,
daraus schlüpfen Schwärme von Zweifeln
und Selbsthass. Der Schmutz, den du in dir
spürst, nährt Angst, Depression und Scham,
vergiftet dein Blut. Eiter dringt dir ins Gehirn,
bis du zu allem bereit bist, wenn nur
das Gefühl von Finsternis in dir
sich nicht weiter ausbreitet,
bereit bist, alles zu tun,
um nichts mehr fühlen zu müssen.

Unbehandelt wird dein Schmerz
zu einem Krebs der Seele,
der dich töten kann.

Salinger und ich

Ich wollte mich nie umbringen,
jedenfalls nicht vorsätzlich, obwohl mir leicht
irgendein dummer Unfall hätte passieren können,
todesmutige Umdrehungen im Hamsterrad der Trauer,
inmitten meiner vergletscherten Familie, vereister Vater,
vereiste Mutter, vereiste Schwester, wir alle starr
vor Verwirrung und ich zungenlos, aber lebendig.

Als kleines Mädchen wollte ich immer wieder
Fränzi mag gern Marmelade vorgelesen bekommen,
ein Bilderbuch über ein wählerisches Dachsmädchen
namens Fränzi. Mir kam sie sehr vernünftig vor.
Der Verfasser Russell Hoban war ein Fan von J. D. Salinger,
dem Mann, der *Fänger im Roggen* geschrieben hat,
eine ganz andere Geschichte. Hoban also sagte über
Salinger einmal etwas, bei dem es mir die Sprache
verschlug,
er nannte ihn nämlich »einen Mann ohne Augenlider«,
das ist mir für immer hängen geblieben.

Ich war in diesem Jahr ein Mädchen ohne Augenlider.
Ich konnte nicht blinzeln. Ich habe alles gesehen.
Immer. Alles.
Meine Augen tränten von allem, was ich sah.
Meine Kehle aber war vertrocknet, weil ich sie nicht
mehr zum Reden gebrauchte.
Salinger war ein Wrack, noch so ein Weltkriegsveteran,

der mit grauenhaften, ins Gedächtnis gerammten Bildern nach Hause zurückkehrte. Er und mein Vater hätten sich großartig verstanden, sie hätten gemeinsam geweint und gestritten und hätten mit den Fäusten gegen die Wände geboxt und wären aufeinander losgegangen,
voller Wut über alles, was sie hatten sehen müssen.

Wir schlichen jahrelang eingeschüchtert auf Zehenspitzen herum, immer in der Angst, dass mein Vater sich tatsächlich umbringen könnte, aber er hielt durch, genau wie Salinger, und zeigte mir,
dass es die Mühe wert ist
durchzuhalten.

In fremden Zungen reden

Einmal, da war ich noch klein,
ist eine Freundin mit ihren Eltern in die
Niederlande gezogen. Ich fragte sie,
ob die Hühner und Kühe dort auch
Niederländisch sprechen.

Mein Geist entwickelte sich, mein Mund dürstete
nach Sprachen, ich lernte Französisch und Deutsch,
versuchte, ein russisches Wörterbuch zu lesen.
Geheimnisumwitterte Austauschschüler streiften
durch die Flure der Schule, umkreisten auf ihren
Umlaufbahnen Mr P., meinen Französischlehrer,
der als Einziger solche verkorksten Kinder wie mich
anlächelte und uns in die Augen schaute,
als wären wir ihm wichtig,
und das waren wir ihm auch.

Eines Nachmittags fragte mich Mr P., warum ich mich
denn nicht für den International Club eingeschrieben hätte,
da würde es mir bestimmt gefallen, sagte er.

(Die Antwort lautete: Weil einem Club an unserer Schule beizutreten bedeuten würde, mit Menschen zusammen zu sein, die ich nicht kannte, was mir große Angst einjagte und etwas war, wozu ich mich bereits im Unterricht zwingen musste, deshalb vergaß ich ja auch so oft, in meine Kurse zu gehen, niemals aber würde ich so etwas Blödsinniges freiwillig machen, niemals.)

Ich sagte ihm,
zurzeit hätte ich
echt viel zu tun,
aber ich würde es mir überlegen.

Im Käfig

Geräusch von zugeschlagenen Spinden,
eingerastete Schlösser, Geschmack von
Metall auf der Zunge, als würde jemand
mein Gesicht gegen die Stahlsoldaten
an der Wand pressen, die geduldig unsere
Bücher, Pausenbrote, vergammelnde Bananen
und Fruchtfliegenschwärme bewachen,
die Zahlenkombination immer wieder vergurkt,
an den Ziffern noch einmal gedreht,
bis das Schloss aufspringt, hingekauert,
den Kopf in die Dunkelheit gesteckt,
als würde ich
nach etwas Wichtigem suchen,
anschwellende Menge, Kampfgetöse
in den unüberwachten Räumen,
ich über meine Bücher gebückt,
als würde ich
nichts hören von den Gesprächen ringsum,
über ein Mädchen, das hinten im Bus laut
geschluchzt hat, über Kartoffelchips,
Zahnspangen und Testspiele,
Footballspieler drücken Jockstraps
in die Gesichter von Mädchen,
die keiner verteidigt,
Vorstöße, große Sprüche
und kleine Schwänze,
Kämpfe in der National Honor Society,

Theater, so viel Theater ringsum,
nur ich, dachte ich damals,
ich bin die Einzige, die so einsam ist,
viel zu ängstlich,
um den Kopf zu heben.

Können wirklich keine Ratten in die Spinde gelangen, habe ich mein Buch vielleicht zu Hause vergessen, wie lange muss ich noch vor diesem leeren Altar auf den Knien bleiben, als würde ich beten, wann wird die Klingel mich erlösen, damit ich zum ewigen Seufzer der anderen, dass es wieder Zeit für den Unterricht ist, endlich diese Seite umblättern kann.

So fühlt es sich an,
mit dem Kopf
im aufgesperrten Rachen
des Monsters
zu leben.

Hingekritzelte Schreie

Wenn ich nicht bekifft war,
hat mir nur eine Sache geholfen
zu atmen,
ein Buch aufzuschlagen,
mich in seine Nebel zu hüllen,
mich in den Graubereich
zwischen Druckerschwärze und weißer Seite
zu begeben, ins Auenland entführen zu
lassen, um den langen, beschwerlichen Weg
nach Mordor zu gehen,
wieder einmal
auf der Suche nach einem unnennbaren,
verheißenen Schatz. Die Erhabenheit
der Abenteuer in Tolkiens Reich
zog mich in ihren Bann,
frischer Lebenssaft stieg aus dem Boden,
in dem ich wurzelte, durch meine Einbildungskraft
verwandelt, tropfte mir tintenklecksige
Dichtung von den Fingern,
hingekritzelte Fluchtrezepte,
so schrieb ich vor mich hin
in Lebensgeschwindigkeit.

Spießrutenlauf

Unsere Schule musste von einem
Kerkerbaumeister entworfen worden sein,
einem Spezialisten dafür, eine Herde so
wirkungsvoll wie möglich zusammenzutreiben,
zu füttern und zu schlachten,
davon waren wir überzeugt.

Der lange Korridor an der Rückseite
war ein Eiszapfen,
der sich am Rückgrat des Gebäudes
entlangzog, ich benutzte ihn fast nie,
denn immer drängten sich in ihm
Alphatiere-Supermänner,
aber eines Tages,
Ende der neunten Klasse, nach Schulschluss,
hatte ich genug davon, noch mehr Zeit mit
diesem Umweg zu vergeuden, ich marschierte
den langen, kalten Korridor entlang,
auf Krawall gebürstet.

Eine von den Turnlehrerinnen kam auf mich zu,
die kleine, drahtige, Furcht einflößende, die mehr
Energie ausstrahlte als Jean Gray an einem Großkampftag,
sie deutete mit dem Finger auf mich,
ich ging sofort in Habachtstellung und als sie sagte,
ich sei doch ein großes Mädchen, antwortete ich:
Ja, Ma'am, und als sie sagte, ich solle in der zehnten Klasse

gefälligst in eine der Sportmannschaften an der Schule
gehen, antwortete ich: Ja, Ma'am,
weil ich vor dieser Frau Riesenschiss hatte.

Im Herbst stürzte ich mich
ins kalte Chlorwasser,
Schwimmtraining,
hatte das erste Mal seit einem Jahr saubere Haare,
Zug um Zug um Zug
versank ich mehr in meine Unterwassermeditation,
verlor mich darin.

Im Winter fuhr ich Ski in meinen
normalen Jeans, mir war scheißegal,
dass ich kein Geld für eine Skihose hatte,
und auch, was andere über mich dachten,
ich war schnell und so stark,
dass ich dem Berghang mein Zeichen einritzte.

Im Frühjahr probierte ich Kugelstoßen aus,
versagte kläglich beim Diskuswerfen,
aber ich schuf mit mir selber einen Neuanfang,
hörte zu kiffen auf,
pickte und hackte an meinem Betonkäfig,
ging jeden beschissenen Tag zur Schule,
weil nicht hinzugehen bedeutete, dass ich nicht
trainieren konnte, ich zerrte meine Noten
aus dem Keller, hörte auf, im Unterricht
nichtssagende Antworten herunterzuleiern,
und vor mich hin dösen brauchte ich auch
nicht mehr, endlich konnte ich nachts
wieder schlafen, zu erschöpft, um die Monster

im Schrank und unter meinem Bett zu bewirten,
die Albträume zogen sich in den Styx zurück,
jedenfalls für eine Weile.

Ich experimentierte mit Freundschaften,
Mädchen, die wie ich Sport machten,
klopfte mir den Betonstaub ab, meine Fäuste
lockerten sich etwas, ich hörte auf,
mich wie ein Kaninchen vor der Schlange zu fühlen,
jedenfalls an den meisten Tagen.

Gepriesen sei die drahtige, kleine Turnlehrerin,
der ich so wichtig war,
dass sie mich herausgefordert
und mir Hilfestellung gegeben hat.

Candy Striper

Im Sommer zwischen der neunten
und der zehnten Klasse, zwischen
Schweigen und nervösem Lachen,
zwischen Brandwunde und Entzündung,
sorgte Mom dafür,
dass ich einen Ferienjob annahm.

Alles bloß nicht Babysitten, sagte ich,
und *zack* landete ich als freiwillige Helferin
im Krankenhaus. In weiß-rosa gestreifte Kittel
eingekleidet, das Rosa in der Farbe der
Tampon-Schachtel, erinnerten wir Mädchen
an Bonbons, wurden *Candy Striper* genannt.
Ich erschien dort fünfmal die Woche pünktlich
zur festgesetzten Zeit, füllte Wasserkrüge,
überbrachte Blumen, zählte die Stunden,
schüttelte Kissen auf, schmuggelte für alte Menschen,
die ihre tägliche Dosis brauchten,
Zigaretten ins Krankenzimmer.

Die wahren Lehren fürs Leben lernte ich
durch Missgeschicke und Zufälligkeiten:
Als ich den Krug mit Eiswasser ins falsche Zimmer
trug und dort eine junge Mutter lag, die ihr
frisch geborenes Baby im Arm hielt,
so lädiert auf die Welt gekommen,
dass keine Heilung möglich war. Der kleine Junge

würde nicht lange genug leben,
um ein gelangweilter Teenager zu werden,
würde keine einzige Geburtstagskerze ausblasen.
Die Mutter des Babys, nicht viel älter als ich, bat mich
um ein Taschentuch, ich reichte es ihr und sie griff
nach meiner Hand, unsere Finger verschränkten sich,
ich stand neben ihr,
den Blick auf den Fußboden gerichtet,
traute mich nicht, sie anzuschauen
oder das Baby,
wir hielten uns an der Hand
und das Eis im Krug schmolz langsam,
damit sie und ihr Sohn noch mehr Zeit hatten.

An einem anderen Tag brachte ich Akten
in das Archiv im Keller, direkt neben dem Kühlraum
für die Leichen. Computer waren damals
noch nicht erfunden. Nach ruhelosen Toten, die
zurück ins Leben wollten, roch es dort unten,
nach Chemikalien und Fleisch. Eine tote Männerhand,
die über die Tischkante ragte, erschreckte mich so,
dass ich einem Untoten aus diesem Kellerreich
– rechte Hand des Chefs, Laborratte oder sowas –
meine Telefonnummer gab, als er danach fragte,
ohne nachzudenken,
und an die Erdoberfläche zurückhastete.

Er rief mich an. Beim ersten Mal Kino,
beim zweiten Knoblauchpizza,
Kino und Pizza war genau mein Tempo,
langsam, schildkrötenartig,
ab und zu ein bescheidener Witz,

später vielleicht ein kleiner Kuss.
Bis er dann auf dem Vordersitz seines Autos
mein Gesicht in seinen Schritt presste,
mit der anderen Hand hektisch an seiner
Gürtelschließe herumnestelnd.
Ich konnte entkommen und mied danach
den Keller mit den Leichen.

Man weiß ja nie

Unsere Schulbücher in Gesundheitskunde
bekamen wir in der zehnten Klasse erst, als
die Bäume in der Novemberkälte ihre letzten
Blätter abwarfen,
denn die Schulbehörde hatte angeordnet,
die Bücher auszuweiden, sie verlangte,
dass die Sex-Kapitel herausoperiert wurden,
damit nicht Erläuterungen zum Menstruationszyklus
oder Illustrationen zu männlichen Geschlechtskrankheiten
uns womöglich zu enthemmten Orgien in den Schulfluren
animierten oder uns dazu brachten,
mit der Schule ganz aufzuhören,
damit wir von früh bis spät Sex haben konnten.
Die Schulbehörde strich so gut wie alles
praktische Wissen. Vielleicht mochten die
Verantwortlichen ja einfach nur Babys
und wollten, dass wir so früh wie möglich
anfingen, welche in die Welt zu setzen.

Vermessung der Chronologie

1. In der neunten Klasse kämpfte ich mich Atemzug um Atemzug, Sekunde um Sekunde voran. Kinder aus Kriegsgebieten sollten Sonderpunkte allein dafür erhalten, dass sie in der Schule aufkreuzen. Die Tatsache, dass meine Eltern nicht bemerkten, wie verstört ich war und wie stark ich mich zudröhnte, damit ich mich nicht mit dem Grund für meine Verstörung auseinandersetzen musste, ist Beweis ihrer eigenen schweren Kämpfe, die sie zu kämpfen hatten. Dads Leben hing an einem seidenen Faden, aber Mom war eine Kriegerin. Sie sorgte dafür, dass wir überlebten und einen Ort zum Leben hatten. Zwei unglaubliche Leistungen, wenn man es genauer bedenkt. Aber ich dachte darüber nicht nach, jedenfalls nicht damals. Ich konzentrierte mich darauf, einzuatmen, auszuatmen, wieder einzuatmen.

2. In der zehnten Klasse bemühte ich mich, eine ordentliche Schülerin zu sein. Minute um Minute. Manchmal Stunde um Stunde. Meine X-Kid-Freund*innen waren sauer auf mich, weil ich keine Lust mehr auf Party hatte. Dafür freundete ich mich mit einem Mädchen an, das mit mir beim Schwimmen war. Sie war gut mit dem Diskus und ich beim Kugelstoßen, was mir den Spitznamen Moose einbrachte, nach dem Goldmedaillengewinner. Ich schrieb mich im International Club ein, ging zu den Treffen und unser Lehrer Mr P. hatte recht, es gefiel mir dort. Meinen Beratungslehrer beeindruckten meine Fortschritte nicht, er fuchtelte mir vor der Nase he-

rum und schrie mich an und sagte, ich solle mich zusammenreißen, sonst würde ich im Gefängnis enden.

3. In der elften Klasse war Stunde um Stunde mein Normalmaß geworden, ab und zu konnte ich sogar etwas weiter nach vorne schauen. Ich dachte daran, meine ausgeliehenen Bücher zurückzubringen. Ich bekam einen Job und wurde nicht gefeuert. Manchmal mochten Eltern von Freund*innen mich nicht. Sie konnten wohl die Verzweiflung riechen, den Hauch von Unglück, der an meiner Kleidung klebte. Wie auch immer. In der Bücherei wagte ich mich an die Non-Fiction-Regale und las Bücher über russische Geschichte und japanische Höflichkeit. Wichtige Ereignisse notierte ich mir im Kalender. Ich habe mir das Schulmusical angesehen und ein paar Basketballspiele, nur so zum Spaß.

Kartenhäuser

Gegen Ende der Highschool besuchte
ich meine Cousinen in den Bergen,
die dort in einer Kleinstadt feststeckten:
kein Auto, kein Kabelfernsehen (das Internet
war noch nicht erfunden, auch nicht Videospiele,
sie hatten gerade mal Strom).
Die Auswahl war nicht groß: Gras, Bier oder Korn gemixt
mit rosa Brausepulver, als Limonade getarnt von
pickeligen Jungs, die scharf auf Sex waren,
trauriges Welpendasein in baufälligen Häusern oder
wackeligen Wohnwagen, mit schwangeren
Mädchen aus dem Algebrakurs, auf dem Boden
die Kleinkinder zum Schlafen auf Handtücher gelegt,
der Windelgestank ließ die Hunde winseln.

Kinder, die in Armut aufwachsen, werden mit sieben,
acht, neun Jahren in die Wirklichkeit hinausgestoßen,
aus der Kindheit ins Erwachsensein gezerrt,
gezwungen, selbst zurechtzukommen,
dabei werden sie selten alt.
Nur wenige leben lange genug, um ihre
Enkelkinder von derselben Maschinerie
aufgefressen und in Pappkartons
begraben zu sehen.
Ich wollte einen Sarg aus Holz, für den
die Bäume noch nicht gepflanzt waren,
ich wurde immer hungriger nach Zeit.

Karamellhäufchen

Das Rezept für die Karamellhäufchen mit Erdnussbutter,
eine Köstlichkeit, die der Himmel geschickt haben musste,
war einfach: Maissirup, Zucker und Erdnussbutter erhitzen,
mit den Cornflakes vermischen, auf einem Backblech
erkalten lassen. Die Ladys aus der Cafeteria meiner
Highschool verstanden sich bestens darauf –
und auf vieles andere auch.

In der elften Klasse hatte ich mich von einem verlorenen,
zugedröhnten Schmuddelkind in eine Sportlerin
verwandelt, die mit den Austauschschülern herumhing,
Gedichte für die Literaturzeitschrift schrieb
und eine kleine Gruppe nerdiger, witziger, netter
Freund*innen hatte, mit denen sie mittags in der
Cafeteria zusammensaß.

Meine *Alles-prima!*-Maske passte mir
wie eine zweite Haut, nur zu Hause nahm ich sie ab.
Aber wenn ich mit meinen Freund*innen
die Karamellhäufchen teilte, vergaß ich manchmal,
dass ich sie trug. Ich lernte viel, um mit den anderen
mithalten zu können, wir redeten viel miteinander,
hörten einander zu und dieselbe Musik,
aßen unglaublich viele Karamellhäufchen.

Das schräg einfallende Licht in der Cafeteria
erleuchtete neue Möglichkeiten.

Ich war klug genug, das Schicksal nicht zu versuchen
und mich in einen der Jungs aus der Gruppe zu verlieben,
ich war mit einem aus einer anderen Schule zusammen,
der mich schon kannte, bevor ES mir zustieß,
ein Junge, der genauso gern wie ich über Politik und
Religion redete, ein wirklich netter Junge.

Zu Hause war es weiter die Hölle und in mir
brannte höllisch die Erkenntnis, dass ich
meine Eltern mit meiner Liebe nicht retten konnte,
egal wie sehr ich sie liebte.

Wenn die Highschool ein eigenes mythologisches
Universum ist, dann sind darin die Ladys
aus der Cafeteria die Nornen, die mit einem Blick
an uns Maß nehmen und erkennen,
wen das Schicksal früh fällen wird und
wer es bitter nötig hat,
als ihre Gabe
ein zusätzliches Karamellhäufchen
geschenkt zu bekommen.

Ich konnte nur mich selbst retten.

Kopfsprung

Es war einmal, da wollte dieses
gebrochene Mädchen fliegen,
hatte davor aber große Angst.

Ich beobachtete, wie die Turmspringerinnen
sich vom Fünfmeterbrett abstießen,
Saltos schlugen, wie Raubvögel herabstießen,
sie riefen meinen Namen, während ich fern
von ihnen stur an meine Bahn gekettet blieb,
auf der ich durchs Wasser pflügte,
hin und zurück,
ein Kielwasser aus Frustration aufwirbelnd,
und doch
öffnete ich
bei jedem zweiten Zug, während ich den Mund
aus dem Wasser hob,
um zu atmen,
die Augen,
um die Falken durch die Luft
stoßen zu sehen.

Bei Wettkämpfen fand das Turmspringen
immer zur Halbzeit statt, die Schwimmerinnen
drängten sich in ihre Frotteetücher gewickelt
am Beckenrand, Wasserschildkröten an Land,
schauten umher, leckten mit Katzenzungen
magische Energiepulver aus der Hand, während die

Turmspringerinnen durch die Luft flogen,
mit einem Spritzer oder leichtem Wellenschlag
ins Wasser eintauchten.

Einmal bekam eine Freundin auf dem Weg
nach unten ihre Flügel gestutzt, stieß mit dem
Kopf gegen das Brett, klatschte auf das Wasser,
sie zogen sie heraus, schrubbten ihr Blut vom Brett,
die Freundin humpelte davon, war benommen
und verwirrt, aber ein paar Wochen später
warf sie sich wieder in die Luft,
schraubte sich um sich selbst,
stieß wie ein Speer herab,
schlitzte das Wasser auf
und kletterte hoch,
um es noch einmal zu versuchen.

Bei jedem zweiten Zug, wenn ich den Mund
aus dem Wasser hob,
um zu atmen,
öffnete ich die Augen, um den Flug
der Turmspringerinnern zu beobachten,
bis eines Tages meinen Flossen
Federn wachsen würden.

Die Idee

keimte und zerbarst
den Samenpanzer
die Schädelwand
grub sich durch den Abfall
um meinen selbst gezimmerten Sarg
wollte blindlings ins Licht

sickerte
Ich halt das nicht mehr aus
tröpfelte
Ich kann hier nicht mehr bleiben
blutete
Ich will hier weg
strömte
Ich muss fort
schwoll an zu einer Flutwelle
Ich gehe

Sogwirkung

Meine Eltern ließen mich die Bewerbung für
das Austauschprogramm schreiben,
überzeugt, dass ich abgelehnt werden würde,
aber sie wollten, dass ich etwas zum Träumen hatte.
Träumen hatte bei uns Tradition, wir träumten von Ferien
und Abenteuern, wir träumten davon, andere Menschen
mit einem anderen Leben zu sein, in anderen Welten,
Träumen war unser Rettungsboot in aufgewühlter See.

Der Brief kam am Schuljahrsende.
Sie hatten mich genommen!
Ein ganzes Jahr und noch ein bisschen länger
(dreizehn Monate: köstliche, verhexte Zahl!)
würde ich in Dänemark auf einem Bauernhof leben,
mit meinen noch unerprobten Flügeln flattern.

Am Nestrand geriet ich ins Straucheln.

Meine Mutter buchstabierte mir die
schlechte Nachricht aus, jedes Wort ein Tiefschlag,
denn, du musst verstehen, wir haben dafür
kein Geld. Nie hätten sie gedacht, dass ich es
so weit schaffen würde, aber sie wollten mich auch
nicht entmutigen, denn ein bisschen träumen
kann doch keinem schaden, oder?

Zwei Tage voll tränenreichen Verhandelns,
einsame Wut tobte in meinem Kopf, auf der Suche
nach einer Lösung, achtundvierzig Stunden hielt ich
beharrlich stand, gab keinen Zentimeter preis, pflanzte
meine Flagge in meine selbst eroberte Wirklichkeit.
Wenn ich das ganze Geld nähme, das ich mir durch Jobs
fürs College zusammengespart hatte, und wenn meine
Großmutter den Rest zuschießen würde, die fehlenden paar
Hundert Dollar, dann würde es funktionieren.

Sie redeten die ganze Nacht miteinander,
meine Eltern, es ging nicht mehr ums Geld,
sie wägten ab, was es bedeutete,
mich als Sechzehnjährige
über den Ozean zu einer Familie zu schicken,
die sie nicht kannten,
wägten dies gegen die dunkle Strömung ab,
die uns stets nach unten zu ziehen versuchte.

Wir hatten zu Hause nicht viele Bücher,
wir hatten Landkarten von den Adirondack Mountains
und vom Bundesstaat Vermont,
so weit reichte unsere Welt.
Am Morgen nahm meine Mutter den abgestoßenen
Metallglobus von meinem Regalbrett und reichte ihn mir.

»Wo ist dieses Dänemark?«, fragte sie.
»Zeig mir, wo du leben wirst.«

Was ich alles nach Dänemark mitgenommen habe

Einen Koffer voller Kleidung,
ein kleines Tagebuch, unterwasserfarben,
Antibabypillen für 13 Monate
(danke, Mom).
Ich packte mein klopfendes Herz ein,
hasenherzig schnell pochend,
meine Augen, die Lider in Erwartung geschlossen,
den kleinen blauen Stofffisch, so traurig dreinblickend
wie die Freundin, die ihn mir geschenkt hatte,
den Eisblock, den ich auf der Schulter mitschleppte,
groß wie der Lake Ontario,
das Rückgrat, mein Fahnenmast,
Nerven, schwirrend und summend wie
ein Schwarm Kolibris,
Lebewohl sagen zu müssen,
die Trauer versteckt tief drinnen in mir,
im Dickicht neben meinen Narben.
Ich packte meine sommersprossige Haut ein,
eingerollt, zwischen Knochenstäben
gut verstaut,
am Abend nach meiner Ankunft
würde ich sie herausnehmen,
sorgfältig auseinanderstreichen,
diese Landkarte meines Körpers,
und im Mondlicht auf dem Boden
meines Zimmers liegen lassen,

ein Jahr und einen Monat als Dreingabe,
damit ich ohne Haut heimlich das vergängliche
kleine Reich meines Glücks durchstreifen konnte,
das mir die Götter bei ihrem Würfelspiel
zugemessen hatten.

An einer Kette um den Hals
trug ich die Christophorus-Medaille,
die mir der Junge, den ich liebte,
geschenkt hatte, damit ich
gut behütet war.

Es hat gewirkt.

Wie es begann / Hvordan det begyndt

Am Flughafen von Syracuse ließ ich meine Familie
hinter mir zurück, flog nach New York, dann nach
Hamburg in Deutschland, aß dort eine befremdliche
Pizza mit Maiskörnern als Belag, stieg in einen
Zug nach Dänemark, schlief fast zwei Nächte
und zwei Tage lang nicht, wollte nichts verpassen.

Wir waren 39 Jugendliche aus aller Welt, versammelt
in einem Dorf nahe der Stadt, in der Hans Christian
Andersen
aufgewachsen war. Dänisch ist eine knifflige Sprache,
deshalb bekamen wir einen Monat lang Unterricht,
wir lernten, wie man Vokale verschluckt
und Konsonanten im Mund weich mümmelt,
bis es nach Dänisch klingt, wie man sagt:
danke / tak
ich verstehe nicht / jeg forstår ikke
ich heiße Laurie / jeg hedder Laurie
das Brot schmeckt gut, kann ich noch eine Scheibe haben? /
brødet smager lækkert, må jeg bede om et skive til?

Freundschaften wurden schnell geschlossen,
wie zu Hause im Sommercamp, aber bei besserem Essen
und mit viel mehr Freiheiten.
Wir gingen ins Dorf, um Briefmarken und Schokolade zu
kaufen,

sangen Lieder, bis die letzten Sonnenstrahlen
    verschwunden waren,
in endlos langen Sommernächten.

Eines Tages ruderten wir in einem Wikingerschiff
auf die See hinaus, bis kein Land mehr in Sicht war,
wir legten die Ruder weg, zogen das Segel auf,
verglichen die Blasen an unseren Händen und dösten
vor uns hin, während die Brise uns in unserer Wiege
hin und her, hin und her schaukelte,
ich schraubte meine Stirn ab
und spülte meine Schädeldecke mit dem
Salzwasser der Nordsee aus und
so begann mein neues Leben.

Längengrad trifft Breitengrad

Mor / Mom, Far / Dad und Nanna, meine dänische
Schwester, holten mich bei der Sprachschule ab, wir
begrüßten uns mit einem förmlichen Hallo, wie bei einem
gigantischen Blind Date, fuhren auf einer Fähre
von Insel zu Insel und dann zum Bauernhof, wo ich
unter dem Dach ein kleines Zimmer hatte,
vom Fenster aus konnte ich den Sonnenuntergang sehen.

Der Bauernhof bestimmte den Rhythmus unseres Lebens,
nach ihm wurden die Uhren aufgezogen und die Seiten
des Kalenders umgeblättert.

Ich kam im Spätsommer an, als die neue Scheune fast
fertig war, wir feierten Richtfest, um uns bei den
gnädigen Waldgeistern und den tüchtigen
Zimmerleuten zu bedanken, Mor backte einen
kransekage, einen Kuchen aus übereinandergestapelten
Marzipanringen, verziert mit der dänischen Flagge und
Zuckergusskringeln, wir saßen an einer großen Tafel
im Garten und konnten an diesem Nachmittag ringsum
den Weizen wachsen hören, Bienen umsummten
träg die Erdbeerbowle, es duftete nach frischem Kaffee,
kaltem Bier und dem salzigen Schweiß der Arbeiter,
währenddessen aber erinnerten uns die fuglekonge /
Wintergoldhähnchen, die den tief hängenden Wolken
nachjagten, unablässig daran,
dass der Herbst nahte.

Die Mahlzeiten nahmen wir zusammen
am Küchentisch ein, mein Platz war auf der Bank
gegenüber von Mor, neben mir saß meine Schwester,
links von mir ging die Tür in den Gemüsegarten und
zu den Obstbäumen, die jüngeren Brüder brachten mir
die Wörter für das Essen bei - ymer, smør, hårdkogte
æg, ost - und dass es nicht schlimm war, alles
durcheinanderzubringen, solange ich
mich nur bemühte.

Far saß jeden Abend nach dem Essen an seinem
Schreibtisch, machte Notizen zum Wetter und zu den
angefallenen Arbeiten.

Eines Samstags kamen nach dem Frühstück Tante
und Onkel vorbei, es handelte sich um ein wichtiges
Familientreffen. Ich hörte aufmerksam zu, blätterte in
meinem Wörterbuch, wenn ich etwas nicht verstand, ein
schlimmes Problem musste gelöst werden: Ratten fraßen
in der Scheune alles auf, was sie kriegen konnten. Meine
Aufregung war groß, weil ich bereits so viel gelernt hatte,
dass ich dem Gespräch folgen konnte, ich wollte auch
etwas beitragen! Nachdem ich ein paar Wörter
nachgeschlagen hatte, räusperte ich mich und erklärte,
dass wir in Amerika Ratten, die sich in einem
Kornspeicher eingenistet hatten, vergifteten,
man musste nur die Leichen rechtzeitig finden
und entsorgen, bevor sie verwesten.

Totenstille
und danach taten alle höflich so,
als ob ich nicht existierte.

Monate später, als ich Dänisch wirklich verstand
und sprechen konnte, kam ich auf diesen peinlichen
Moment zurück und fragte, was ich da falsch
gemacht hatte. Es stellte sich heraus,
dass in der Scheune gar keine Ratten waren,
meine Familie hatte die Geburtstagsfeier unserer
Großmutter geplant und alle waren schockiert gewesen,
dass wir in Amerika bei solchen Gelegenheiten Gift
unters Essen mischten, wir haben uns am Tisch
alle vor Lachen gebogen.

Unser Haus stand am Ende der Straße,
in der Nähe eines Tümpels, der von Aalen
nur so wimmelte. Mor öffnete jeden Tag
alle Fenster, um gut durchzulüften.
Unser Haus dehnte sich magisch aus,
sodass jeder genug Platz hatte,
die Küchenschränke steckten voller Hoffnung,
die Zuckerdose war mit Zuspruch gefüllt.
Unser Haus war der Mittelpunkt meiner neuen Welt,
ich radelte zur Bäckerei, zur Bücherei, zur Schule,
zum Fußballplatz, und zurück,
jedes Mal zurück
zu unserem Haus am Ende der Straße.
Längengrad 11° östliche Länge, aus Backstein gebaut,
Breitengrad 55° nördliche Breite, vertraut leuchtend.

om efteråret / Im Herbst

Montag bis Freitag strampelte ich auf dem Rad
zur Schule, ungefähr dreieinhalb Kilometer entfernt,
in den ersten beiden Wochen fühlte es sich
wie sechzehn Kilometer an, aber danach
ging es besser und ich wurde schneller.

Stellt euch einen Mix aus dem Abschlussjahr
an der Highschool und dem ersten Jahr am College vor,
nur ohne Abschlussball, Komasaufen oder Sportteams
und mit nicht halb so viel Drama.
So war es, als ich in Dänemark zur Schule
gegangen bin: in einen studenterkursus, wo wir unsere
Lehrer beim Vornamen nannten und, wenn wir wollten,
während des Unterrichts stricken durften, weil man der
Auffassung war, solange wir aufmerksam
zuhörten, könnten wir gerne gleichzeitig
auch etwas mit unseren Händen machen.

Meine Fächer waren Dänische Literatur, Englische Literatur,
Geografie, Mathematik, Geschichte, Psychologie und
am schwersten: Französisch. Zu Hause hatte ich bereits
vier Jahre lang Französisch gelernt, das war mir
leichtgefallen, aber at oversætte fra dansk til fransk /
von Dänisch zu Französisch zu wechseln
überhitzte die Schaltkreise in meinem Gehirn
und ließ sie schmelzen.

Am Vormittag hatten wir eine Pause, in der
die Schule für Kaffee, Tee und Gebäck sorgte
(»dänischer Plunder« heißt in Dänemark übrigens
»Wiener Brot« / wienerbrød, wie wunderbar
seltsam es auf der Welt doch zugeht).
Ich verspürte eine riesengroße Erleichterung,
dass ich einfach nur lernen und Freundschaften
schließen konnte, ohne die vielen Ablenkungen
und den sozialen Druck,
wie ich es von meiner Highschool kannte.

Als ich mich an den Alltag und die Sprache
gewöhnt hatte und die anderen sich an mich,
ließen der Strahleglanz, die neue Schülerin zu sein,
und der Amerikabonus allmählich nach,
erst da bekam ich Heimweh.
Einmal stand ich mit meiner Schwester
nachts im Freien und erzählte ihr, wie sehr ich mich
nach meiner amerikanischen Familie sehnte,
da zeigte sie zum Mond
und sagte, er würde dort auch
auf sie herunterscheinen, und das half;
sie ist voller Mitgefühl, meine Schwester.

Als die Ernte eingebracht war, hatte der ältere
unserer beiden Brüder in der evangelischen
Kirchengemeinde seine Konfirmation,
eine wichtige Etappe auf dem Weg
zum Erwachsenwerden.
Dänen nehmen ihre Feiern sehr ernst;
ein riesengroßes Zelt wurde vor unserem Haus
aufgebaut, die norwegischen Verwandten kamen

angereist und außerdem der halbe Ort,
beim Festmahl wurde ein Gang nach dem anderen
serviert und danach folgten die Reden.
Gibt es in Dänemark eine Konfirmation, eine Hochzeit,
ein Jubiläum oder einen runden Geburtstag
zu feiern, werden jede Menge Reden gehalten,
die witzig, spöttisch und neckend, gleichzeitig
aber voller Lob und Anerkennung sind.
Eine wichtige, große Sache.
Ich hielt eine Rede auf meinen Bruder und drohte
ihm offensichtlich nicht damit, ihn mit Rattenpulver
vergiften zu wollen, alles war gut.
Der letzte Gang wurde um drei Uhr früh serviert
und die Feier dauerte bis in den Morgen.

om vinteren / Im Winter

Während die Felder unter dem Schnee ihren
Winterschlaf hielten, rumorte es tief in der Erde
und unsichtbare starke Hände schoben Steine
empor, woraufhin die Landschaft sich veränderte.

Mit meiner amerikanischen Familie sprach ich im Juli
und das nächste Mal an Weihnachten,
Telefongespräche über den Ozean waren
unfassbar teuer,
wir schrieben uns Briefe auf Luftpostpapier,
so dünn, dass man hindurchsehen konnte,
und im Porto günstiger.

Die Freitage waren im Winter meine langen Tage,
die Sonne ging so spät auf, dass es noch dunkel war,
wenn ich am Morgen zur Schule radelte,
und wenn ich am Nachmittag für die Fahrt nach Hause
mein Fahrrad loskettete, war sie
bereits wieder im Meer verschwunden.
Als Weihnachten näher kam, schlachteten wir
die Enten, die Mor jedes Jahr aufzog, um vom Erlös
für die Familie Weihnachtsgeschenke zu besorgen.
Bei meiner Ankunft war ich mehr oder weniger
Vegetarierin gewesen, was sich durch
das Leben auf dem Bauernhof blitzartig änderte.

Die Skandinavier verstehen sich auf den Winter,
sie ehren und achten die lange Dunkelheit.
An Heiligabend schmückten wir den Tannenbaum
mit Papiersternen und winzigen Kerzen,
Far zündete sie nacheinander behutsam an,
wir hielten uns alle an den Händen
und tanzten um den von flackernden Kerzen
erhellten Baum, sangen Weihnachtslieder
in einem für immer in strahlendem Licht
festgefrorenen Augenblick.

Irgendwann in diesem Winter hörte ich auf,
auf Englisch zu denken,
Dänisch erfüllte mein Wachen und meinen Schlaf,
strömte aus meinem Mund,
ein sprudelnder Bach,
der einen Damm niedergerissen hat.

om foråret / Im Frühjahr

Als das Frühjahr kam, halfen wir auf den Feldern,
wir brannten die Stoppeln ab und klaubten
die kindskopfgroßen Steinbrocken auf,
die aus der Erde hervorlugten.
Far beobachtete misstrauisch das Wetter,
zog seine Tagebücher zurate und säte
schließlich aus, beobachtete dann misstrauisch
den Acker, bis die ersten grünen Spitzen
sich herauswagten.

Ende März ereignete sich im Atomkraftwerk
Three Mile Island nahe Harrisburg, Pennsylvania,
ein Störfall, ein Teil des Reaktorkerns schmolz,
die Fachleute befürchteten eine Weile eine Explosion,
in den Nachrichten wurde eine Landkarte,
mit dem Radius des möglichen radioaktiven Fallouts
gezeigt, er reichte bis nach New York und hätte
meine Familie umgebracht. Schluchzend lag ich
Mor in den Armen, ein paar Tage später war die
Kernschmelze unter Kontrolle gebracht
und die Gefahr gebannt.
Dann starb mein Großvater.

Das Heimweh brachte mich fast um.
Sein Tod führte zum dritten und letzten Telefonanruf
nach Hause, ich weinte mit meinem Vater,
der Tausende Meilen entfernt weinte.

Opa wollte, dass wir Enkelkinder ihn alle im Sarg
liegen sahen, wir sollten lernen, den Tod
zu akzeptieren, ihn nicht zu fürchten.
Aber wir konnten uns kein weiteres Flugticket leisten,
wenn ich zur Beerdigung nach Hause kam,
dann hätte ich für die letzten drei Monate
nicht mehr nach Dänemark zurückkehren können.
Deshalb sagte mir Daddy, ich solle bleiben.
Er hat mir Fotos von seinem verstorbenen Vater geschickt,
in weiße Kissen gebettet.
Opa wirkte überrascht, als würde ein Bus,
der immer Verspätung hat,
auf einmal zu früh kommen.

Nachdem wir die Steine von den Äckern geklaubt hatten,
fing ich in diesem Frühjahr an,
mit dem Fahrrad neue Wege zu erkunden,
streifte weit umher.

rødgrød med fløde på

Dänisch klingt für mich immer ein bisschen so,
als würde man mit Kartoffelbrei gurgeln,
vierzig unterschiedliche Vokale
und Konsonanten wie zerschmelzender Käse,
ein Satz auf Dänisch kann sich
wie ein freundliches Summen anhören,
aber die Flüche überrollen dich wie Donnergrollen.

Unsere Nachbarn, mächtige Bauern mit Schaufelhänden
und roten Gesichtern, machten sich gern einen
Spaß mit mir und ließen mich
»rødgrød med fløde på« sagen,
das bedeutet »Rote Grütze mit Sahne drauf«.
Wenn man es richtig ausspricht, klingt es,
als hätte man sich an einem Fellknäuel verschluckt.
Ich sagte es monatelang falsch.

Andere Wörter waren für mich leichter auszusprechen,
aber schwieriger zu verstehen, »hygge« zum Beispiel
(das es inzwischen in viele Sprachen geschafft hat)
bedeutet »gemütlich«, aber du musst es erlebt haben,
um es wirklich zu begreifen.
Hygge bedeutet, an einem langen, dunklen Winterabend
mit Freunden oder der Familie zusammenzusitzen,
Kerzen sind angezündet, die Frauen stricken, häkeln
oder klöppeln Spitzendeckchen, es wird Kaffee oder

Bier getrunken, Plundergebäck oder smørrebrød steht
auf dem Tisch, alle reden, reden, hören zu,
reden, freuen sich, genießen die Nähe und Vertrautheit,
während draußen der Wind ums Haus heult.

»tak« heißt wörtlich »danke«, aber das ist ein bisschen,
als würde man behaupten, dass der Mount Everest
ein Hügel ist. Dänen drücken ihre Dankbarkeit
beständig aus, stets aufrichtig und ernst gemeint,
sie danken ihren Eltern für jede Mahlzeit,
sie danken den Lehrern für ihre Hilfe, sie danken
den Freunden für die nette Party am Abend vorher,
dem Metzger für ein gutes Stück Fleisch,
tusind tak / tausend Dank ist die Variante, die mir
am besten gefällt, sie kommt dem Gefühl
unendlicher Dankbarkeit am nächsten,
das ich für min danske familie empfinde.

Als die ersten Sommerbrisen übers Land wehten,
beherrschte ich endlich »rødgrød med fløde på«,
zur großen Freude der Bauern, die mir da erst die
tiefere Bedeutung des Satzes enthüllten, aus der Zeit,
als sie aus hartem Holz geschnitzte Jugendliche waren,
brodelnd vor Zorn, weil Dänemark
von Hitlers Armee besetzt worden war.

Sie wehrten sich, sabotierten die Nazis und
machten es ihnen schwer, wo sie nur konnten,
gründeten Widerstandsgruppen, die die Deutschen
zu infiltrieren versuchten.
Stand einer im Verdacht, ein deutscher Spion zu sein,

ließen sie ihn »rødgrød med fløde på« sagen,
und konnte er es nicht richtig aussprechen,
war es das Letzte, was er sagte.

In Dänemark, in Skandinavien, quer durch Europa
schmerzen die Erinnerungen an den Zweiten Weltkrieg,
wie alte Narben dies tun, wenn das Wetter wechselt
oder ein Sturm aufzieht.
Alte Länder sind mit den Wunden vergangener Schlachten
übersät, die aufbrechen, bluten und neue Schmerzen
verursachen können,
wenn man sich nicht um sie kümmert,
genauso wie bei uns.

Narben mögen stärker aussehen als unverletzte Haut.
aber das sind sie nicht.
Wenn wir einmal versehrt wurden, dann werden wir leicht
wieder verletzt oder schlimmer, wir folgen der Versuchung,
uns hinter einem Schutzschild zu verstecken,
wir ziehen uns zurück, ertrinken in unserem Schmerz oder
dröhnen uns zu, damit wir vergessen,
bis der Tod alle Hoffnung auslöscht.

Mein dänisches Zuhause lehrte mich, wieder zu reden,
mit der Dunkelheit und dem Licht
neu umzugehen,
mit Stärke und Verletzlichkeit,
bot mir Gelegenheit, meinen Kompass
neu auszurichten,
meine Orientierung zu bestimmen
und noch einmal
von vorn anzufangen.

Brückenschlag

Von unseren dänischen Familien
direkt nach Hause
zu unseren anderen Familien zurückzukehren,
hätte alle überfordert,
wir brauchten eine Atempause,
einen Ort dazwischen.

Sie schickten uns nach Lejre,
eine halbe Stunde von Kopenhagen,
in ein archäologisches Freilandlabor,
wo Forscher herauszufinden versuchten,
wie die Dänen zur Eisenzeit Sümpfe und Moore
überquerten, dreitausend Jahre vor uns.
Sie benötigten junge, starke Körper, die
vor harter Arbeit nicht zurückschreckten, die Aufgabe
für uns 39 Jugendliche aus aller Welt
bestand darin, eine Brücke zu bauen.

Wir benutzten Äxte, um die Stämme für das
Gerüst zu fällen, banden dicke Bündel aus Ästen
und jungen Bäumen für das Fundament, versenkten
sie im Wasser, als seien es Opfergaben
für die Sumpfgötter.
Wir grillten unser Fleisch über dem offenen Feuer,
verschlangen Massen an Brot, Joghurt und Käse,
schliefen auf dünnen Strohmatten in einem
einzigen riesigen Zelt, alle miteinander,

einen tiefen, traumlosen Schlaf,
wachten mit schmerzenden Gliedern auf,
griffen nach unseren Werkzeugen, fällten die Bäume,
behauten das Holz, mühten uns ab, fluchten,
schufteten uns die Seele aus dem Leib,
bis wir den wahren Gemeinschaftsgeist
der samarbejde / Zusammenarbeit entwickelt hatten,
in dem die individuellen Energien zu einem Ganzen
verschmolzen, das die Summe der Teile überstieg.

Schließlich hatten wir den hungrigen Sumpf
mit so viel Holz gefüttert, dass unsere Brücke
wie der Rücken eines sich aufbäumenden Pferdes
die Wasseroberfläche durchbrach, wir schaufelten Morast
in die Zwischenräume, bildeten eine Kette,
um Felsbrocken weiterzureichen,
von Hand zu Hand,
von Körper zu Körper.
Wir festigten das Fundament durch unser Gewicht,
unseren Schweiß und unsere Stärke, fügten noch mehr
Morast hinzu, damit man unsere Brücke
bequem überqueren konnte.
Die Wissenschaftler führten ein Ochsengespann darüber,
um das fertige Werk zu testen,
und befanden unsere Brücke für tauglich.

Wir hoben die Gläser und die Äxte,
um miteinander anzustoßen,
duschten unter kaltem Wasser
und bereiteten uns
auf unseren nächsten Brückenschlag vor.

Wiedereintritt

Eine Raumkapsel,
in die Erdatmosphäre eindringend
schmelzender Hitzeschild, Fallschirme geöffnet,
so landete ich in den USA
bei meiner Rückkehr
nach dreizehn Leben,
ich will sagen, Monaten,
außerhalb.

Englisch fühlte sich im Mund merkwürdig fremd an,
det var meget nemmere at tale dansk, mere behagelig,
jeg glemte oversættninger, hvordan man siger
agurker / Gurken eller erindringer / Erinnerungen;
men da jeg genforenede med min amerikanske familie
kamen die wichtigen Wörter allmählich zurück.

Nach vielen Umarmungen und Freudentränen saßen
wir dicht nebeneinander auf der Couch,
meine Mutter schob mir unablässig
eine widerspenstige Strähne hinters Ohr,
die schwere Hand meines Vaters klopfte mir
auf die Schulter,
meine Schwester hockte zu meinen Füßen,
lehnte sich gegen meine Knie.
Das Leben schenkt einem nicht
viele vollkommene Augenblicke,
unser Wiedersehen war so einer.

Am nächsten Tag radelte ich zu meiner alten
Highschool, flog durch den Sommermorgen im Juli,
musste nicht vom Sattel aufstehen,
als es den langen, steilen Hügel hochging,
nach einem Jahr Radfahren
auf der anderen Seite des Ozeans
waren meine Muskeln gestählt.

Sommerferien. Die Schule war fast leer, trotzdem
rochen die Flure genauso wie immer,
ich bekam Gänsehaut,
erklärte im Büro, weshalb ich da war,
die Sekretärin zog eine Schublade auf, holte
eine Mappe mit meinem Namen heraus,
meine Akte,
entnahm ihr mein Abschlusszeugnis,
wollte es mir schon geben,
als sie innehielt, um es mir mit dem Ernst
und der Feierlichkeit zu überreichen,
die sich bei einem solchen Anlass gehörten.
Sie schüttelte mir die Hand.

»Glückwunsch«, sagte sie.
»Sie haben Ihren Abschluss gemacht.«

Und so begann das nächste Kapitel meines Lebens,
an einem vertrauten Ort, wo sich für mich
alles verändert hatte.
Als Alien hörte ich meine alte Welt gefiltert
durch das Nordsøens vand / Nordseewasser
und sah sie im Licht des dansk solskin /
dänischen Sonnenscheins.

Trennung, vorübergehend

Während ich mein Jahr in Wo-ist-dieses-Dänemark
verbrachte, war meine amerikanische Familie erneut
umgezogen, diesmal in ein kleines Haus.
Der Vermieter hatte unmissverständlich klargemacht,
dass er die Miete deutlich senken würde,
wenn meine Mutter mit ihm Sex hätte.
(Stattdessen machte sie Überstunden.)

Ich kehrte stärker nach Hause zurück,
größer,
die Wunden versorgt und vernarbt.

Dafür hatten meine Eltern zu trinken angefangen,
jeden Tag bereits um acht Uhr morgens,
statt bis zum Sonnenuntergang zu warten wie früher.
Daddy trank, um über alles den Schleier des Vergessens
zu breiten, seinem Versagen die Schärfe zu nehmen.
Mommy trank, damit sie ihn nicht eines Tages umbrachte.
Sie gurgelte und spuckte ins Waschbecken,
danach ging sie zur Arbeit.

Daddy arbeitete nur wenig,
ging viel auf dem alten Treidelpfad spazieren,
der von Gespenstern wimmelte.
Er schrieb Gedichte, weinte viel,
dachte über Suizid nach, versuchte,
dem Sog der Verzweiflung standzuhalten
und weiterzuatmen.

Eines Tages kam ich nach Hause
und hörte harte Hammerschläge
auf Metall. Meine Mutter stieß dazu
sämtliche Schimpfwörter und Flüche
aus, die sie mir früher mit einem
Stück Seife aus dem Mund
geschrubbt hätte.

Auf Zehenspitzen schlich ich zur
Schlafzimmertür meiner Eltern, voller
Angst, aber überzeugt, dass ich dahinter
eine blutverschmierte Leiche finden würde,
die den Teppichboden befleckte.

Mommy war allein und schlug mit
einem großen und schweren Hammer
auf das Bettgestell ein.

Sie blickte hoch, musterte mich.
»Zeit für getrennte Betten«, fauchte sie,
Rauchkringel stiegen ihr aus Mund und Nase.
»Dein Vater ist für eine Weile ab nach Boston.«

WUMM! Sie ließ den Hammer auf einen Bolzen
des Bettgestells krachen. »Kann länger dauern.«
WUMM, WUMM!

»Heute Abend gibt es Nudeln mit Tomatensoße«, sagte sie.
»Setz schon mal das Wasser auf.«

Wiedervereinigung, unvollständig

Dad kam neun Monate später
zurück. Er sah besser aus, trank
nicht mehr vor vier Uhr nachmittags
und schrie nur ein paarmal in der Woche
nachts im Traum.

Ich bin immer noch fest überzeugt, dass er
damals mit einer Frau durchgebrannt ist, aber egal.
Mom ließ ihn wieder herein.
Die Kirche auch. Die Kirche, die ihn
verstoßen hatte, ihren unwürdigen Sohn,
gab ihm seine Würde wieder zurück, seine
Berufung und seinen Gott, nach
sechs Jahren in der Wüste.

Nach der Rückkehr des verlorenen Sohnes
zogen wir wieder um, diesmal aufs Land,
wo die Kirche mit Bauern, Lehrern und
Krankenschwestern gefüllt war.
Den ersten Winter schlief ich unter
dem Esszimmertisch auf dem Boden,
weil mein Zimmer keine Heizung oder
Isolierung hatte. Wasser, das man dort
über Nacht stehen ließ, war am Morgen
gefroren, das ging so von Thanksgiving
bis nach Ostern.

Ich fand Arbeit als Melkerin.
Dad fand etwas Frieden, indem er Herzen zusammenflickte.
Unsere Mutter fand einen Tumor in ihrer linken Brust.
Die Betten rückte sie nie mehr zusammen.

Per Anhalter

Autofahren mit meinem Vater
war eine riskante Sache, denn er
fuhr mit dem einen Fuß auf dem Gaspedal
und dem anderen auf der Bremse,
auf seine übersinnlichen Reflexe vertrauend
und die Macht seines Lächelns.

Als ich zwei war, fuhr er mit uns
die ganze Strecke bis nach Florida,
ich krabbelte ungehindert auf dem Rücksitz
herum, winkte entsetzten Fremden zu,
fünfzehnhundert angespannte Meilen lang.

Wir überlebten diesen Trip unverletzt,
was nicht immer der Fall war, manchmal
fuhr Dad auch in den Straßengraben oder
hielt spätnachts auf dem Seitenstreifen
des Highways, der Verkehr donnerte
hautnah an uns vorbei, während
meine Eltern darüber stritten, wer sich
ans Steuer setzen sollte.

Ich liebte meinen Vater, aber
er war ein miserabler Autofahrer
und das Trinken machte es
sicherlich nicht besser.

Nach der Highschool hörten wir auf,
miteinander zu reden, die Liebe zu meinem
Vater schmerzte mich so sehr, dass ich
um ein Herz aus Stein
betete, wie Gott es dem Pharao gab.
Jahrelang hatte ich vergebens um Dads
Heilung gebetet, er vermasselte es
immer wieder, hatte Zusammenbrüche,
warf unsere Leben aus der Bahn,
trotzdem stellte ich mir Gott weiter
als einen etwas übellaunigen Vater vor,
der mein Flehen sicherlich erhören würde,
wenn ich ihn nur höflich genug bat.

Eines Nachmittags war ich in Tränen
aufgelöst. Ich hatte den Bus verpasst und
würde bestimmt gefeuert werden.
Ich brauchte diesen Job dringend, denn kein
College der Welt wollte mich damals nehmen.
Daddys Gesicht wurde einen Moment weich,
er war ein Vater gewesen, der uns früher auch mal
die Schule schwänzen ließ, um uns auf
eine Bergtour mitzunehmen, oder der für alle Kinder
in der Nachbarschaft Eis spendierte.

»Du bist zu jung, um allein
per Anhalter zu fahren«, sagte er.
»Ich komme mit, damit dir nichts passiert.«

Erdbeerblonde Märchen

Meine Mutter, meine Schwester und ich
standen an diesem Julimorgen
gemeinsam um fünf Uhr früh auf,
drei Frauen, die nichts miteinander verband
außer die Blutsverwandtschaft, ihre Enttäuschung
und die ererbte, durch traumatische Erfahrungen
genährte Fähigkeit, in jeder, aber auch wirklich
jeder Situation zu schweigen.
Wir versammelten uns vor dem Fernseher, um
einem Traum beizuwohnen, der im fernen
London wahr wurde.

Die künftige Prinzessin, eine Fantasie für jedes Alter,
eingenäht in eine Zuckerbäckerrobe aus Seide und Taft,
ihre Kutsche eine Glaskugel, gezogen von weißen
Pferden, eine Jungfrau, angegafft von den Massen,
mit Diamanten und Glücksverheißungen bekrönte
Madonna. Zehntausend Perlen schimmerten
an ihrem Kleid, waren durch Verletzung entstanden,
kündeten bereits am Hochzeitstag vom nahenden Unheil,
nur merkte dies keiner, wie es die Art von Massen ist.

Lady Diana Spencer war drei Monate älter als ich,
groß geworden mit denselben Märchen und
Lügen wie ich.

Meine Mutter, meine Schwester und ich aßen
Erdbeeren, gezuckert und mit viel Sahne,
während wir wie Turteltäubchen gurrten,
als der Traum in Erfüllung ging.
Ich hatte mir bereits lange vorher Prince Andrew
als Bräutigam ausgesucht, weil Charles zu viel Arbeit
mit sich brachte. Meine Schwester hob sich
für Prince Edward auf und unsere Mutter
freute sich auf einen Five o'Clock Tea bei der Queen.
Wir kicherten, wir waren Cinderellas arme Cousinen
vom Land, unser Pfarrhaus eine kleine Insel
inmitten wispernder Kornfelder.

Dieser Julimorgen ermöglichte mir ein einziges Mal
die Träumereien meiner Mutter zu teilen,
für immer war ich danach Mitglied im #TeamDiana,
hoffte, noch einmal diese Welt besuchen zu dürfen.

Hochzeitslieder zum Auszug aus der Kirche
sind oft in Moll komponiert.
Die Prinzessin stach sich in den Finger, ihr Bild
zersplitterte in tausend Spiegelscherben,
sie wurde von der bösen Fee verhext,
aus ihrem Königreich verbannt, von Hunden gejagt.
Unter Brücken verstecken sich gern Trolle, dort
kam sie ums Leben.

Sechzehn Jahre nach der Traumhochzeit
stand ich in der Dunkelheit für den Trauerzug auf.
Meine Mutter war nach Florida geflüchtet,
meine Schwester war uns schon
lange abhanden gekommen, ich saß allein vor dem

Fernseher, keine Erdbeeren, kein Zucker, keine Sahne,
ich trank Kaffee so schwarz wie die Pferde, die den
Sarg durch die trauernde Stadt zogen.

Reiche verachten die Armen dafür,
dass sie in der Lotterie auf Losglück hoffen –
ab wann ist eine Stunde strahlender Hoffnung
und ungetrübten Glücks zu teuer bezahlt?

Wenn auf dem Los der Name meiner Mutter
stünde, würde ich über Minenfelder tanzen,
um es ihr zu überbringen.

Antrieb

Auf einem Bauernhof mit Schweinemast zu leben
brachte mich nicht dazu, unbedingt aufs College zu wollen,
auch nicht, Steine von einem Acker zu klauben
oder ein Stoppelfeld abzubrennen
oder auseinanderrennende Enten einzufangen
oder ihnen die Federn auszurupfen,
nachdem wir sie geschlachtet hatten,
damit sie als Weihnachtsbraten serviert werden konnten.

Auf einem Bauernhof mit Milchwirtschaft zu arbeiten
brachte mich auch nicht dazu.
Ich mochte das Geräusch der ruhig atmenden
Kühe, hatte nichts gegen ihre Tritte, schaufelte
gern Mist, trieb meine Mädels von der Weide in den Stall,
wurde einmal von einem Bullen gejagt, rannte,
schob mich unter dem elektrischen Zaun hindurch,
um in Sicherheit zu sein.
Frieren, schwitzen, Muskelkater, harte Arbeit
machten mir nichts aus, ich war dankbar
dafür, dass ich nicht irgendwo eingesperrt war.

Nein, das bewirkte erst mein Job in der Hölle
alias in einem Shop in der Mall, T-Shirts verkaufen,
Sweatshirts zusammenfalten, für Mindestlohn
dauerlächeln, ganz dringend Socken sortieren,
unbedingt der Chefin aus dem Weg gehen.
Meine Mutter, auf ihre Art ein Muttertier, setzte in mich

große Hoffnungen, erst Business School, dann die Chance,
in ihre Fußstapfen zu treten und so unglücklich zu
werden wie sie selbst, im ewigen Wechsel
zwischen Mall und Fernseher, Fernseher und Mall.

Jahrelang glaubte ich, dass sie für mich auch kein
anderes Leben wollte, aber unlängst kamen mir Zweifel.
Ich musste daran denken, wie zufrieden und stolz
sie gewesen war, als ich es schaffte, einen anderen,
besseren Weg einzuschlagen.
Mir den langweiligsten Job zu geben, den die
Weltgeschichte gesehen hat, war
ihre Art und Weise, mir ihre
Liebe zu zeigen.

Konzentriert

Ich stand um halb vier Uhr früh auf, war um vier
im Stall, um die Kühe zu melken, raste nach Hause,
stellte mich ausgiebig unter die Dusche und fuhr dann
in das Onondanga Community College, Heimat der Lazers,
besuchte alle Lehrveranstaltungen, schlief nicht ein,
stellte Fragen, machte meine Hausaufgaben, lernte,
strengte mich an und saß immer in der ersten Reihe.
Wenn man jeden Morgen Kuhscheiße wegschaufelt, um
das College bezahlen zu können,
dann will man was für sein Geld haben.

Es gibt Jugendliche, die wachsen auf und wissen genau,
was sie wollen, sie malen sorgfältig
alle vorgezeichneten Felder aus,
gehen an die richtigen Hochschulen, haken
ordnungsgemäß alle Punkte auf ihrer To-do-Liste ab
und am Ende werden sie mit dem
Erwachsenenleben belohnt, von dem sie geträumt haben.

Nebenbei gesagt: Das ist ziemlicher Bullshit.

Herauszufinden, was man vom Leben wirklich will,
welcher Mensch man am Ende gewesen sein möchte,
ist verdammt schwierig.
Im besten Fall kann man darauf hoffen,
zu erkennen, was der nächste Schritt
in die richtige Richtung ist.

Für mich war der erste Schritt, es mit dem College
zu versuchen,
danach wollte ich an eine Uni, falls ich ein Stipendium
bekäme, um dort Übersetzen zu studieren:
die Wissenschaft, Kunst und Magie, zum Wesentlichen
vorzudringen und die Botschaft von einer Sprache
in eine andere zu übertragen.

Aber dieser Plan war zu schön
und es sollte anders kommen.

Ausgeweidet und zerlegt

Am Community College hatten wir einen
netten, sanften Professor ohne Biss,
vom dem wir alle wussten, dass er
Witwer mit neun Kindern war.

Der Krebs fraß seine Frau von innen
fast ganz auf, nur ihr schwangerer Schoß
widerstand als feste Burg
dem Tod,
so lange, bis sie ihrem letzten,
ihrem Phönix-Kind, das in bitterer Gnade
das Licht der Welt erblickte,
genug Leben eingehaucht hatte.

Der nette Professor lehrte Anatomie,
wie die Brustknochen mit den Rippen
verbunden sind, wie das Becken mit dem
Rückgrat und so weiter.
Regelrecht ins Schwärmen geriet er,
als er das weibliche Bein beschrieb,
uns ein Exemplar an die Tafel zeichnete,
mit kleinem, hochgewölbtem Fuß, angetan
mit den hochhackigen Stilettos einer Stripperin.
Der steile Winkel des Absatzes führe dazu,
dass sich der Musculus gastrocnemius an der
Wade zusammenziehe, der Professor zeichnete den
Sachverhalt nach, zeigte uns,

wie die Muskeln reagieren, kletterte wie auf
einer Leiter das Bein hoch, bis er zu seinem
Lieblingskörperteil kam: dem Gluteus maximus.
Mein netter, sanfter Professor zeichnete
große, stark gewölbte Pobacken an die Tafel,
schwere, tief hängende Früchte,
er tätschelte sie liebevoll, als würde er
gleich in sie hineinbeißen wollen, erzählte
uns, dass diese entzückenden Pokurven
der Grund dafür seien, weshalb die Puppenfüße
von Barbie für Schuhe mit lächerlich hohen
Absätzen geformt waren.
In Plastik gegossenes Füßeeinbinden
als Vorbild für kleine Mädchen,
Verdinglichung,
mit der Muttermilch aufgesogen.

Nie begrapschte er eine von uns
Studentinnen oder machte eine von uns an,
dieser nette alte Mann,
dennoch
verließen wir seinen Unterricht
mit dem Gefühl,
beschmutzt worden zu sein.

Kalbender Gletscher

Und dann war es wieder Zeit,
voneinander Abschied zu nehmen,
wir packten für meinen letzten Auszug
von zu Hause das Auto voll,
für die lange, noch vor Morgengrauen
beginnende Fahrt zur Georgetown University,
ich, meine Schwester, Daddy und Mom,
wir alle wussten,
keiner von uns sprach es aus,
dass ich nie mehr zurückkehren würde,
um mit ihnen zusammenzuleben,
aber natürlich würde ich zu Besuch kommen,
so oft ich konnte.
Die Fahrt nach Washington, D. C. schmerzte,
das Auspacken des Koffers,
meinen Radiowecker aufstellen,
die Schreibtischlampe mit dem schwenkbaren Arm,
den Heißluftpopcornmacher,
alles schmerzte.
Weil ich von einer anderen Uni kam,
hatte ich ein Einzelzimmer,
niemand war da,
um das drückende Schweigen zu brechen,
das ungelenke Herumsuchen
nach Taschentüchern. Daddy machte
lauter Witze mit miesen Pointen,
erleichtert stöhnten wir auf

oder taten so, als müssten wir lachen.
Ich hatte keine Mikrowelle, keinen Kühlschrank,
keinen Fernseher, aber ich hatte
meine Wörterbücher, es gab ein Telefon
nur für Ortsgespräche
und meine frankierten Briefumschläge.
Meine Mutter weinte den ganzen Tag,
ich versuchte,
nicht zu ihr hinzusehen,
weil es zu sehr schmerzte,
es schmerzte alles so sehr,
der notwendige, unmögliche Abschied,
so plötzlich in Zeitlupe gekommen,
ließ uns alle schwanken,
wir stützten uns gegenseitig,
meine T-Shirts in die Schublade räumen,
mein Handtuch aufhängen,
die neue Seife und die neue Zahnbürste auspacken,
die Bleistifte spitzen und nebeneinander in den
Plastikbecher neben meiner Schreibmaschine stellen,
Mommy hatte extra Tipp-Ex-Fläschchen besorgt,
weil sie wusste, wie viele Fehler ich machen würde.
Die Rückfahrt dauerte sechs Stunden,
deshalb war keine Zeit mehr fürs Abendessen,
wir stolperten und strauchelten
die Treppe hinunter
stolperten und strauchelten wir,
weil es so schmerzte,
es schmerzt immer noch,
mein Vater und meine Schwester ergossen
den Tränenozean meiner Mutter ins Auto,
schnallten sie an, stolperten dann zu ihren eigenen Türen.

Wenn junge Eisberge sich vom Gletscher ablösen,
beginnt der Schmelzvorgang auf Wasserhöhe,
dem Kalben geht immer ein Riss voraus,
von außen kaum sichtbar,
aber als Kraft tief drinnen im Eis zu spüren.
Die Abspaltung, der Bruch erfolgt mit einem Knall,
der weithin über Ozeane
aus Salzwasser und Zeit widerhallt,
letzte Ausläufer der Wellen
unterspülen noch immer das Ufer.

Bittersüßer Tee

Mein erstes Semester an der Georgetown,
Shoppen mit einer neuen Quasifreundin,
wir sind einander fremd, umkreisen uns vorsichtig,
schnuppern, suchen nach Signalen, beide
unglücklich und einsam, sie aus einem
britischen Internat, erster Klasse fliegend,
ich eine Hinterwäldlerin, die auf Bauernhöfen
gearbeitet, Holz gehackt, Mist geschaufelt und
Kühe gemelkt hatte.
Aber wir erschnupperten gewisse Möglichkeiten
zwischen uns, sie ging voran, ich folgte ihr
und nachdem ich ihr stundenlang dabei
zugesehen hatte, wie sie Dinge einkaufte
(ich hatte vorher noch nie eine Gleichaltrige mit
einer Kreditkarte bezahlen sehen), verkündete
sie, wir sollten jetzt einen ordentlichen englischen Tee
zu uns nehmen, sie würde mich einladen, was
verheißungsvoll klang.

Wir schwebten in ein Restaurant, nahmen mit
geradem Rücken auf Cinderella-Sofas Platz,
breiteten auf dem Schoß Stoffservietten (!) aus
und sie bestellte Sandwiches und eine
erstklassige Teemischung, die auf der Karte ihren eigenen
Stammbaum hatte. Ich bestellte einfach nur Tee, ganz
normalen Tee, und als die Kellnerin mich fragte:

»Mit Sahne oder Zitrone?«, antwortete ich:
»Beides.«

Es war die erste Tasse Tee in meinem ganzen Leben.

Winzige Sandwiches ohne Brotkruste kamen,
man brauchte zwei davon, um einen ordentlichen
Bissen im Mund zu haben, und die Kellnerin goss
unseren Tee in hauchdünne Porzellantassen,
wir löffelten zerschmelzenden Honig hinein,
dazu angewärmte dickflüssige Sahne und
rührten mit unseren Silberlöffeln, *klinker,*
klinker, klinker, ein zufriedenes Arpeggio.
Ich war ein funkelndes, leuchtendes Einhorn,
in ein Leben verliebt, das mir plötzlich
auf dem Silbertablett Tee und liebreizende
Sandwiches servierte.
Dann griff ich nach der Zitronenspalte und
schwelgerisch presste ich den Zitronensaft in den Tee,
wie im Traum.

Die Sahne gerann augenblicklich,
verwandelte sich in so etwas wie Hüttenkäse.

Einen erschrockenen Moment lang
starrten wir alle beide in meine Tasse.
Ich wartete,
flehte innerlich um ein freundliches Lachen,
das eine Brücke zwischen ihrer Welt und meiner
schlug, so wie ich sanft und versöhnlich
gelacht hätte, hätte sie versucht,
eine Kuh zu melken, wobei sie unweigerlich

gescheitert wäre, denn Kühemelken ist schwierig.
Aber mein Lachen hätte warm wie
eine Kupferglocke geklungen
und ich hätte ihr geholfen.

Sie gab ein kleines Lachen von sich,
verzog verächtlich den Mund.
Der Hohn, der ihr von den Lippen übers Kinn
tropfte, brannte Löcher in das weiße Tischtuch,
versengte jede Hoffnung auf eine Freundschaft
zwischen uns.

Die meisten Beziehungen besitzen von Anfang an
ein Verfallsdatum, nicht anders als Milch oder Joghurt.
Manche allerdings werden bitter und schal, noch bevor
man überhaupt auf den Geschmack gekommen ist.

Lehrkörper ohne Ehre im Leib

Frisches Fleisch für ihr erträumtes Festmahl,
so müssen junge Studentinnen
für geile Professoren riechen,
vertrauensselig und lernwillig.
Mir ist diese Geschichte zweimal passiert.

Nummer eins: Am Community College, mein Professor für
Gesundheitskunde. Um das A+ zu feiern, das er mir auf
eine Hausarbeit über LSD gegeben hatte, lud er mich ein,
sagte, wir könnten zusammen ein Glas Wein in einem
Motel trinken und dort auch superguten Sex haben,
seine Frau, sagte er, habe nichts dagegen, wenn er es in
Motels mit Studentinnen trieb.
Als ich das Angebot ablehnte und aus seinem Büro wollte,
jagte er mich um den Schreibtisch, blockierte die Tür,
bedrängte mich, wenigstens hier
in seinem Büro mich
von ihm befummeln zu lassen.
Ich ließ ihn nicht.

Nummer zwei: An der Georgetown University. Der Leiter
meines Departments lud mich in sein Büro ein,
um mit mir die Notwendigkeit eines Studienaufenthalts
in Peru zu besprechen, er würde mir helfen,
dafür ein Stipendium zu beantragen, wenn ich nämlich
aus dem Spanischen übersetzen wollte,
müsste ich eine Weile in einem Land gelebt haben,

in dem es gesprochen wurde.
Ich brachte meine Unterlagen mit, Notizen zu meinen –
Er hob die Hand und unterbrach mich.
Der Leiter meines Departments sagte zu mir, wir seien
vor Jahrhunderten bereits ein Liebespaar gewesen.
Wir seien Azteken gewesen, hatten Sex im Urwald,
wir seien kosmische Seelenverwandte, sagte er,
und müssten unbedingt wieder Sex miteinander haben,
unsere Körper vereinen.
Ich verließ den Raum, bevor die rituelle Jagd um
den Schreibtisch stattfinden konnte.

Von den Mauern ihrer ehrwürdigen Universitäten geschützt
zwingen die fest im Sattel sitzenden Professoren
ihre Beute, in egal welche Richtung hastig
vor ihnen zu fliehen, Hauptsache in Sicherheit,
auch wenn dies bedeutet,
die eigenen Ziele vollkommen aus den Augen zu verlieren.
Das Stipendium habe ich nie erhalten.
Ich habe nie in Peru studiert, auch in keinem anderen Land,
in dem Spanisch gesprochen wird,
bin nie Übersetzerin geworden,
außer Geschichten erzählen zählt auch.

Sich durchbeißen

Durch die Georgetown University segelte ich in
einem Ruderboot, knapp über Wasser gehalten durch
Studiendarlehen und indem ich fünfundzwanzig Stunden
in der Woche jobbte, Wasser strömte durch die Löcher
am Boden herein, deshalb ruderte ich Tag und Nacht,
schöpfte Wasser raus, arbeitete als Bademeisterin,
blieb jeden Sommer in Washington, D. C., mietete ein
Feldbett in einem Flur, verstaute meine Kleidung
darunter, wohnte danach mit fünf Leuten, die sich alle
nicht ausstehen konnten, in einem kleinen Haus,
gute Zeiten.
Ich verkaufte am Telefon *Time-Life*-Bücher, ein ekelhafter
Job, aber ich durfte jeden Tag meine Großmutter anrufen
und kostenlos eine Stunde mit ihr reden, statt dafür die
dreißig Dollar zahlen zu müssen, die ein Gespräch nach
Florida damals untertags kostete.
Mein Stundenlohn betrug 3 Dollar 35 Cent,
und ihr dürft mir glauben, dass ich dafür hart arbeitete,
ich liebte meine Nana.
Im College sparte ich mir das Frühstück, aß mittags einen
Apfel und einen Müsliriegel und schwelgte am Abend:
Dank sei dem All-you-can-eat-Büfett in der Cafeteria!
Mein Gehirn fütterte ich in Georgetown mit Deutsch und
Spanisch, bevor Peru wegen der Bestie an der Spitze des
Departments vom Tisch war.
Ich machte einen Abschluss in Linguistik, widmete mich
dem Wandel von Sprachen, tanzenden Vokalen, flirtenden

Konsonanten, Wörtern, die Fenster zur Vergangenheit
waren. Literatur- und Schreibkurse mied ich und heiratete
den süßesten Jungen weit und breit, der Politik und
Überseeabenteuer liebte und umwerfend aussah
in seiner glänzenden Ritterrüstung, die Ehe funktionierte
nicht, wir waren viel zu jung dafür, aber er ist mir
immer noch ein sehr guter Freund.

Ich liebte die alte Magnolie in der Nähe der Bibliothek,
die strebsame Student*innen in ihrem Schatten ausruhen
ließ, die Luft mit ihrem Duft erfüllte, uns Kühlung
und einen Moment des Atemholens schenkte –
Einatmen: Lasst euch zu Neuem anregen
Ausatmen: Lernt, das Alte loszulassen
Spürt eurem wahren Selbst nach,
näht es fest an eure Schatten –
bevor der Druck des Sich-Beweisen-Müssens
uns alle auseinanderwehte.
Magnolienblätter sind riesig, wächsern, geformt wie
Ruderboote, das perfekte Fluchtvehikel für eine Maus
oder eine Person, die sich für klein und unbedeutend hält.
Ich brauchte kein Rettungsboot, nicht mehr,
Georgetown war vielleicht eine Nummer zu groß für mich,
aber ich wusste, wie ich mich aus eigener Kraft
über Wasser halten konnte,
ich konnte schwimmen.

Sich mit dem Stift räuspern

Nach der Uni, nach unserer Heirat und als dann die
Kinder kamen, waren wir so pleite, dass ich einen Job
annehmen musste, bei dem ich nachts arbeiten konnte,
denn eine Tagesmutter konnten wir uns nicht leisten:
Ich wurde Reporterin und schrieb nachts meine Artikel,
die perfekte Arbeit im Dunkeln für ein Mädchen,
das die eigene Stimme erst einübt.

Pressekonferenz der Abwasserwirtschaft – glorreiche
Themen! –, Korruption bei der Vergabe staatlicher
Aufträge, Kleinbühnenkultur, Auseinandersetzungen
mit der Schulbehörde, Gewerkschaftsfunktionäre,
die mich dreist anlogen, genau wie die Mutter, deren
Junge sich angeblich den Mund an Glassplittern
in seinen Frühstücksflocken aufgeschnitten hatte,
totaler Bullshit, später gestand sie,
dass sie nur Aufmerksamkeit und etwas Geld wollte.

Ich stellte Fragen, machte Notizen,
schrieb, schrieb, schrieb, schrieb, schrieb, schrieb
redigierte, entwickelte einen siebten Sinn für Lügen,
grub die Leichen im Keller aus, beim Wort nehmen
wurde meine Spezialität, ich hakte unerbittlich nach,
wie von mir verlangt, und erwarb beiläufig die Fähigkeit,
sehr genau hinzuhören, bevor ich dann versuchte,
die Wahrheit niederzuschreiben.

Die Höhle bunt ausmalen

Ich hatte geschrieben,
seit Mrs Sheedy-Shea mich damals Haiku lehrte:
Geschichten, Gedichte, Märchen, über Welten
voller Geheimnisse, Rätsel, Albträume,
manchmal sogar mit einem Happy End.

Als meine Kinder klein waren, versuchte ich,
auch für kleine Kinder zu schreiben,
ohne Erfolg,
trotzdem machte ich unbeirrt weiter.

Die Bilderbücher, die ich schrieb,
waren ein jämmerlicher Misserfolg,
wurden von den Verlagen immer wieder und wieder
abgewiesen, aber ich machte unbeirrt weiter,
gewann neue Freund*innen, wir alle
dürsteten danach, zu schreiben und gelesen zu werden.

Ich hämmerte Romane und Sachbücher herunter,
gigantischer Misserfolg,
zu recht von den Verlagen abgewiesen,
aber ich machte unbeirrt weiter, glaubte beharrlich daran,
dass ich es noch hinkriegen würde.

Geschichten, Wörter, Sätze stiegen beharrlich weiter
von irgendwoher in mir auf, selbst wenn ich lockerlassen,
aufgeben, damit aufhören wollte. Unbeirrt lauschte mein

ganzes Sein den Stimmen in meinem Kopf, ein
fernes Rauschen,
das meinen Vorsatz nährte.

Ich versuchte es noch einmal neu und anders,
überarbeitete, was ich geschrieben hatte,
blieb unbeirrt dabei, stellte meine Zweifel hintan,
überwand meinen Stolz,

entzauberte den Vorgang,

entwirrte unter meiner Schädeldecke die Wörter, die sich
ineinander verknotet hatten, und brachte ihnen
gutes Benehmen bei,
bis Inspiration und Handwerk
langsam ineinander verschmolzen
und meine Wörter fortan in
geordnetem Rhythmus die Trommel schlugen.

Ermessenssache

Der Gerichtsreporter hatte sich an diesem Tag
krankgemeldet,
deshalb schickten sie mich an seiner Stelle hin,
der Angeklagte war ein unscheinbarer Mann,
weiß, Ende dreißig, eher klein, billiger Anzug, guter
Haarschnitt, die Anklage gegen ihn lautete auf
mehrfache sexuelle Nötigung und Menschenraub.
Er wirkte gelangweilt.

Mit Freundinnen war sie auf eine Party gegangen,
hey, wir sind neunzehn und wollen Spaß haben,
laute Musik, jede Menge Alkopops,
ein lauer Abend, warm genug, um im Freien zu tanzen,
yeah, er war älter, aber auf solchen Partys tauchten
immer irgendwelche älteren Männer auf, eingeladen
oder nicht. Nachdem sie unter den Sternen getanzt
hatten, wollte sie irgendwann nach Hause, aber
das Mädchen, das sie alle gefahren hatte, war total
betrunken und für ein Taxi hatte sie nicht genug
Geld dabei, mit gelangweiltem Blick bot er an,
sie nach Hause zu fahren,
ein Gentleman.
Unterwegs fragte er sie, ob sie etwas dagegen habe,
wenn er kurz beim Haus seiner Eltern anhielt,
um den Hund rauszulassen, einen Welpen.
Sie liebte Welpen,
deshalb folgte sie ihm in das Haus und stellte fest,

dass es dort gar keinen Welpen gab
und auch keine Eltern,
nur eine Rolle Klebeband
und vierundzwanzig Stunden Folter.
Während ein Polizist die Details anführte,
gähnte der Vergewaltiger.

Der Verteidiger erledigte seinen Job,
indem er das Opfer angriff,
er warf dem Mädchen vor, getrunken und getanzt,
sich für die Party herausgeputzt zu haben,
sie habe es darauf angelegt,
sie sei dem Angeklagten freiwillig gefolgt,
möge es ja vielleicht härter,
habe es auf eine Heirat oder viel Geld abgesehen.
Als sie im Zeugenstand zu weinen anfing,
die langen blonden Haare vorm Gesicht,
ein Vorhang, um sich zu schützen,
trieb er sie mit aus der Luft gegriffenen Anschuldigungen,
an der Grenze zur strafbaren Verleumdung, in die Enge.
Anwälte brüllten einander an, zündeten ein Kreuzfeuer von
Beschuldigungen, widersprachen der Gegenpartei,
beharrten, bis die blinde Justitia von Schakalen in Stücke
gerissen war.
Gericht und Schöffen blieben verwirrt zurück.
Die junge Frau schluchzte so heftig, dass ich glaubte,
gleich stürzt die Decke ein.

Schon mal an einer Prügelei beteiligt gewesen?
Fäuste hämmern, wildes Umsichschlagen,
dunkles Rosenrot erblüht überall im Raum,
wenn deine Wut entflammt,
das Rot explodiert vor dir wie eine Sprühdose,
so lichterloh rot siehst du,
und du weißt,
gleich wirst du Scheiße bauen,
du wirst jemanden schlimm verletzen
oder eine andere Dummheit begehen,
wahrscheinlich beides.
So ein Rot habe ich gesehen,
als das Opfer von Schluchzern geschüttelt wurde.
Sie hatte dem Mann vertraut, sie hatte doch nur
einen Welpen streicheln wollen.
Ich sah mich über die Sitzreihen klettern,
auf den Täter losgehen,
Fausthiebe verteilen, mir die Knöchel zerschmettern,
einen Stuhl über seinem Kopf zerschlagen,
befriedigt hörte ich seine Zähne über den Boden rollen.

Mein Bleistift zerbrach.

Ich saß da, der Notizblock voll,
Schweiß lief mir übers Gesicht,
der Richter ließ den Hammer niedersausen
WUMM!
beendete die Verhandlung an diesem Tag vorzeitig.
Ich blieb sitzen, bis der Saal sich geleert hatte und ich
wieder atmen konnte.

Als ich die Geschichte meinem Chefredakteur erzählte,
tat er das einzig Richtige für den Journalismus,
indem er einen Kollegen beauftragte.
Der Verteidiger erledigte weiter seinen Job, der
Vergewaltiger wurde zu einer kurzen Haftstrafe verurteilt,
im Gefängnis vor Ort, ein milder Klaps.

Jahre später, als ich mit meinen
Töchtern, groß, schlank und rehbeinig,
durch die Mall spazierte, sah ich
den Vergewaltiger wieder,
diesmal wirkte er nicht gelangweilt,
denn er hatte Witterung aufgenommen.

Wie die Geschichte zu mir gefunden hat

An old woman rocks in my subconscious
sending songs, hidden messages, spor...
//record scratch//

Ich träume viel auf Dänisch
und wenn ich aus einem danskdrøm erwache,
bringe ich Dänisch und Englisch oft durcheinander,
bis dann der Kaffee seine Wirkung entfaltet.
Heute Morgen, bei diesem ersten Entwurf
zu einem Gedicht, hatte ich mir vorgenommen,
darin das Wort *spor* zu umkreisen.
Ich schrieb, dass die alte Frau, die durchs Unterholz
meiner Psyche streift und im Schaukelstuhl meines
Unbewussten strickt, mir *spors* zeigt, mir Hinweise gibt,
was, ohne dass ich aufmerkte, an mir vorbeigezogen ist,
was mich auf meinem künftigen Weg noch erwartet.
Nur dass es *spor* im alltäglichen Englisch gar nicht gibt
für einen Fußabdruck oder die Spuren eines Tiers,
die hingestrichelten Pünktchen eines verängstigten
Kaninchens im Schnee, die Ausrufezeichen eines
hinterherjagenden Wolfs.

Vielleicht ist sie mein künftiges Ich,
diese alte Dame, vielleicht sendet mein künftiges Ich
durch sie meine Träume / mine drømme,
an mein jetziges oder vergangenes Ich

als Warnungen / advarsler oder als Rat / råd
oder vielleicht ist ihr nach einem Scherz zumute.

Albträume wiederholen sich bei mir wieder und wieder,
bis ich die gebührende Aufmerksamkeit auf das richte,
was an mir nagt. Eines Nachts, als meine Älteste
gerade in die Middleschool kam, hörte ich ein Mädchen
schluchzen, sie weinte sich die Seele aus dem Leib,
wie der Blitz sprang ich aus dem Bett und schaute nach
meinen Töchtern, weil es ja eine von ihnen gewesen
sein musste, die ich da gehört hatte. Aber das weinende
Mädchen hatte sich in meinen Kopf verirrt.
Sie ließ mich nicht schlafen,
weil sie nicht sprechen konnte
und eine Übersetzerin brauchte,
deshalb fing ich mitten in der Nacht zu schreiben an.
Der Strom meines Unbewussten verschmolz
schließlich mit meinem wachen Ich, ein Jahr lang
schrieb ich ihre Geschichte auf, meistens
im Morgengrauen.

Wie sich herausstellte, lautet der Wortstamm im
Altenglischen, Germanischen und Altnordischen *spor*
und lebt im Dänischen unverändert weiter,
taucht im modernen Englisch als *spoor* wieder auf,
1823 aus dem Afrikaans entlehnt. Weshalb ich weniger
zwischen den Sprachen gefangen war, als ich zunächst
glaubte, und das einstündige Bad in der Etymologie
der germanischen Sprachen, war es allemal wert.

Der erste Verlag, zu dem ich *Sprich* schickte, lehnte
das Manuskript ab, nie hätte ich geglaubt, dass jemand
die Geschichte veröffentlichen
oder dass sie Leser*innen finden würde.

Ich bin oft zerstreut, abgelenkt,
verfolge den eingeschlagenen Weg nicht weiter,
wenn ich alte Wunden lecke,
ein Selbstschutz, denn so kann ich meine Gefühle
besser im Zaum halten, mit meinem
Unwohlsein besser umgehen, wie wenn man auf einer
Begräbnisfeier Witze erzählt, was sich zwar nicht gehört,
aber weniger schädlich ist als Gin.

Viele Erwachsene raten Jugendlichen,
dass sie ihren Träumen folgen sollen,
als würde das groß was bringen.
Tante Laurie dagegen sagt euch:
Folgt euren Albträumen!
Wenn ihr nämlich herausfindet, was euch zerfrisst,
könnt ihr dem Monster den Kopf abschlagen.

Sprich, erster Entwurf, Seite eins (aus meinem Tagebuch)

ERSTE PHASE DER AUFZEICHNUNGEN

Ich suche nach dem Schlüssel,
um die Tür
zu dieser Erzählung aufzustoßen.

Ein Gespräch in einem Motelzimmer,
zufällig mitgehört,
wenn sie nebenan den Fernseher leiser stellen würden,
könnte ich besser verstehen, was sie sagen,
vielleicht das Sesam-öffne-dich für die Geschichte finden.

Kein Abriss der Handlung. Diesmal nicht,
nur eine Seite
mit der Skizze der Hauptfigur,
auf der Bühne
im Scheinwerferlicht
allein
mit ihrer Angst,
das Herz aufgerissen,
ungeschützt,
Melinda, vierzehn Jahre alt,
gefangen in einem Jahr ohne Kalenderwochen,
nur leere Seiten für alle ihre Tage.

Ein Jahr von vierzehn,
Tag
für
Tag
für
Tag,
die Zeiger der Wanduhr
im Biologiesaal
auf fünf vor drei festgefroren.

Zweiter Teil

Polyhymnia

Heute ist mein erster Tag an der Highschool.
Ich
habe sieben neue Hefte,
einen Rock, den ich hasse,
und Bauchschmerzen.
(Beginn von *Sprich*)

Die Highschool (meine vierte Schule in vier Jahren)
begann ich mit sechs Polyesterröcken,
nicht nur mit einem,
alle von meiner Großmutter genäht, die nicht wollte,
dass die Kinder der Reichen über mich lachten,
weil ich an der neuen Schule mit Secondhandröcken
auftauchte, so sehr hat sie mich geliebt.
Sie nähte mir sechs Röcke
in den Farben des Herbstes,
sodass ich zu allen einen braunen Rollkragenpullover
tragen konnte.
Ich rüstete mich an diesem ersten Tag
(zwei Wochen nach der Vergewaltigung)
mit großmütterlichen Beschwörungen,
ein mit Liebe genähter Rock,
unerhörte Gebete,
ein Penny in jedem Schuh, so ging ich zur Bushaltestelle,
und dann weiter zur Richtstätte.

Bei meinem ersten Tag in der neunten Klasse
gab es keine Versammlung aller Schüler*innen, keine
»Zehn ersten Lügen, die sie dir in der Highschool erzählen«,
keine hässliche Begegnung mit Mr Neck.
Sprich ist ein Roman,
der in Tatsachen wurzelt, ganz klar,
trotzdem eine Geschichte mit ihrer eigenen DNA,
eine invasive Art, aus dem Stumpf eines
vom Blitz getroffenen Baumes ausgetrieben,
aus dem Mädchen erwachsen, das überlebt hat.

Meine Geschichten und mein Leben haben gemeinsam,
dass sie wie ein begrünter Innenhof sind,
der Himmel mit Sternen übersät und mit Wunden,
wo Planeten aus ihrer Umlaufbahn gerissen wurden.
Der Innenhof, in dem dieser Baumstumpf wächst,
wird von drei Meilen hohen Mauern umschlossen,
in die Tausende verschlossener Türen
und Inschriften eingelassen sind,
die ihre Geheimnisse,
im Mondschein vorsichtig preisgeben.

Verschwörung

Man sagte mir, wenn sich von *Sprich*
zweitausend Exemplare verkaufen würden,
könnten wir mehr als zufrieden sein,
denn Teenager würden nun einmal nicht gern lesen.
Ich hatte keine großen Erwartungen oder Hoffnungen,
nie hätte ich geglaubt, dass der Roman
veröffentlicht werden würde.

Eines Tages war eine Männerstimme am Telefon,
ich sei auf der Shortlist des National Book Award,
verwirrt rief ich meine Lektorin an,
die mir erklärte, dass ich mir jetzt ein elegantes
Kleid kaufen müsse, denn das sei eine wirklich große Sache.

Als ängstliche, unsichere Landmaus
huschte ich in New York zu Veranstaltungen,
bemühte mich, mit dem Tapetenmuster zu verschwimmen.
Mit der glänzenden neuen Welt, für die man
Kleider oder Anzüge brauchte, in der man Taxi fuhr
anstatt mit der U-Bahn, wirkten die anderen
alle viel besser vertraut als ich.

Jugendliche Journalist*innen waren gekommen,
um uns Fragen zu stellen, uns, den fünf Finalist*innen
auf dem Podium:

Walter D. Myers für *Monster*
Louise Erdrich für *The Birchbark House*
Kimberly W. Holt für *When Zachary Beaver Came to Town*
Polly Horvath für *The Trolls*
und ich.
Wegen der auf uns gerichteten Scheinwerfer konnten
wir keine Gesichter erkennen, nicht sehen, wer uns die
Fragen stellte, aber immer war klar, dass sich da eine*r
Gedanken gemacht hatte.
Danach strömten die Jugendlichen auseinander und wir
machten uns in Richtung Tür auf, waren zum Mittagessen
in ein schickes Restaurant eingeladen,
aber Walter,
Walter war noch mit einem Jugendlichen ins Gespräch
vertieft, sie redeten über Bücher und Harlem und andere
wichtige Dinge.
Ich habe an der Tür auf ihn gewartet.

Walter war der erste berühmte Autor, dem ich begegnete.
Er hieß mich mit Freude, Weisheit und Charme in der Welt
der Kinder- und Jugendliteratur willkommen, er lehrte
mich alles, was ich heute über meine Verantwortung
gegenüber meinen Leser*innen weiß, angefangen
mit jenem Tag, an dem er nicht zum Mittagessen kam,
er winkte uns ab, der junge Mann, der bei ihm stand,
hatte jede Menge Fragen und Walter hatte darauf
eigene Fragen und ein paar Antworten parat,
er nahm sich Zeit für seinen Leser,
eine Frage der inneren Haltung,
dies sei unsere Aufgabe, erklärte er mir.

Das Preisverleihungsdinner war ein riesengroßer Stress,
der Vorstand des Konzerns, zu dem mein Verlag gehörte,
saß bei mir mit am Tisch, er war eigens für die
Veranstaltung aus Deutschland nach New York geflogen
und wirkte darüber nicht sehr glücklich.
Da waren wir schon zwei,
mein Kleid zwickte, meine Schuhe drückten,
durstig und nervös trank ich hektoliterweise Wasser,
rannte dauernd aufs Klo, um zu pinkeln.

Walter saß am Nebentisch und drehte sich den ganzen
Abend immer wieder zu mir, erzählte mir einen Witz,
erklärte, wie wenig solche Hochglanzereignisse doch
mit den Mühen des Schreibens zu tun hatten.
Aber die Nachspeisen waren gut, und als es dann
so weit war, freuten wir uns über die Rede von
Oprah Winfrey. Steve Martin sprach meinen Namen
richtig aus, was mich ziemlich beeindruckte,
und dann kam die Vorsitzende der Kinder- und
Jugendbuchjury
auf die Bühne. Sie redete davon, wie sehr Kinder
das Lesen lieben, wie sie durch Familienmitglieder,
Freund*innen, Bibliothekar*innen und Menschen,
die ihnen laut vorlesen, in die Welt der Bücher
eingeführt werden …

Walter schaute mich an und zog eine Augenbraue hoch.
Er schrieb wie ich für Kinder, die keine solchen Menschen
hatten, Kinder mit inneren und äußeren Narben, Kinder,
die bereits seit Langem keine Kindheit mehr haben.
Er beugte sich zu mir und flüsterte:
»Wir beide sind hier außen vor.«

Woraufhin ich laut lachte, wir klatschten und jubelten Kimberly zu, weil sie auch ein großartiges Buch geschrieben hatte, dann schenkte mir Walter Wein ein, das erste Glas an diesem Abend, aber nicht das letzte. Wir prosteten uns zu, wir feierten, dass wir für die Kinder und Jugendlichen schrieben, von denen die Welt nichts wissen will.

Als die Jugendlichen uns am Vormittag interviewt hatten, machte einer eine Bemerkung über die freundliche Atmosphäre zwischen uns fünf Nominierten auf der Shortlist und fragte:
»Herrscht zwischen Ihnen keine Konkurrenz?«
Walter nahm das Mikrofon und lächelte.
»Nein«, sagte er, »keine Konkurrenz.«
»Wir sind Mitverschwörer*innen.«

In diesem Moment wusste ich, dass ich zu Hause angekommen war.

Tsunami

Zehntausende sprechen,
ihre Worte verursachen auf dem Wasser
erst nur ein Kräuseln,
sie flüstern hinter vorgehaltener Hand,
schauen mich dabei nicht an, sondern
reden die Schulter meines Pullovers an,
sie mailen mir,
twittern ihre Schreie,
texten mir direkt,
überreichen mir Zettel,
klein zusammengefaltet,
wenn keiner sie dabei beobachtet.

Ihre Erinnerungen und ihre
Verwirrung mir mitteilend,
zerbrochene Träume, Kummer,
kämpfen sie auf hoher See,
inmitten wütender Stürme, sich an aufgeschlitzte
Rettungswesten klammernd,
Schwemmholz,
Treibgut, Überreste abgestürzter Flugzeuge,
versunkener Schiffe und anderer Katastrophen.

Wenn sie es schaffen,
den Kopf über Wasser zu halten,
schwimmen sie zu den
Melindas in ihrer Nähe,

damit sie ihnen helfen,
sich selbst vorm Ertrinken zu retten,
in dieser hungrigen See der Verzweiflung,
und während sie ihre Schwestern
und Brüder und all diejenigen,
die ebenfalls diesen Platz
ungeachtet alter Definitionen
für sich beanspruchen,
über Wasser halten,
erzählen sie ihre Geschichten
und sprechen sie ihre Wahrheit aus.

Erdbeben in tiefem Wasser
senden leichte Wellen an die Oberfläche,
die sich in alle Richtungen hin ausbreiten,
sich im flacheren Wasser vor der Küste
aufstauen und auftürmen,
bevor sie mit Wucht an Land donnern,
auch ein plötzliches Zurückweichen
der Wassermassen
kann der Riesenwoge vorausgehen,
das Gerippe des Meeres freilegend
und alle Flaschenpost, die irgendwann einmal
über Bord geworfen wurde.

Hwæt!
Der Chor schwillt an,
treibt die Wellen in Richtung Küste,
Tsunamis, der Schwerkraft trotzend,
brechen die Türen ein.

Nahaufnahme – Blowjob

Mädchen und Jungen erzählen mir davon,
mit rauer, schamerfüllter Stimme,
Tränen strömen ihnen übers Gesicht,
wieessichanfühlteals
ES mit Gewalt
seinen Schwanz
in ihren Mund
oder seinen Mund
gezwängt hat,
sodass sie nicht mehr atmen konnten,
furchterfüllt
alle Schreie erstickt wurden.

Der Mund, der dazu geschaffen ist,
zu essen, zu lächeln,
zu singen,
auf die Lippen Lipgloss aufzutragen
oder sie mit Wassereis oder mit Rotwein
zu verfärben, ein Mund, der gern
Liebesworte flüstern, sich weit öffnen
und begierig aufnehmen möchte,
was die Liebe ihm anbietet, hungrig
nach immer noch mehr.

Sich entschuldigend, an ihrer Bitterkeit
würgend, erzählen sie mir,
dass sie wissen,

sie sollten ja eigentlich
dankbar sein,
weil sie nicht ....
....
.... sollten ja
eigentlich
dankbar sein, weil sie nicht ......
»vergewaltigt«
wurden.

Und sie setzen dabei das Wort
»vergewaltigt«
in Anführungszeichen
»   «
als fühlten sie sich nicht berechtigt,
von ihrer Qual zu sprechen,
weil sie wüssten, dass andere
ganz anders
verletzt worden seien.

Ich bin ja nicht »vergewaltigt« worden,
das Wort wie in einen Käfig
»   «
juristischer Definitionen eingesperrt,
auf Treibsand gebaute Gitterstäbe,
ein aus Scham geschmiedetes Gefängnis
des Selbstzweifels,
mit den Anführungszeichen entwerten
sie ihre Wahrheit,
folgen einem falschen Narrativ,
mit dem ein unseliger Wettbewerb etabliert wird,
den keiner im Ernst wollen kann.

Lasst die Rechtsanwälte in den Wettbewerb
um einen solchen Punktestand eintreten,
wenn ihr es für richtig haltet,
lasst die Gerichte nach ihren Maßstäben
ein Urteil fällen, für oder gegen
sechs Monate oder auch sechs Jahre
im Gefängnis.

Schmerz lässt sich durch
Gitterstäbe oder Anführungszeichen
nicht eindämmen.
Eure Wunden verdienen auch
Aufmerksamkeit.

Sammelbegriff

ein was? von teenagern.
ein gemenge, eine gruppe,
ein zusammenzucken,
gemurmel, brummen, murren,
eine grundhaltung,
ernüchterung bei den mädchen,
verwirrung bei den jungen.

Wenn ich vor einer Schulklasse
oder einem Saal voller Teenager
über *Sprich* rede,
gibt es jedes Mal in der letzten Reihe
einen Jungen in einem Fußballtrikot oder
in einem Lacrossetrikot oder in einem
Footballtrikot, einen guten, netten Jungen,
der die erste wirkliche Frage stellt –

»Worüber hat sich Melinda denn so aufgeregt?
Ehrlich, es war doch nicht so, dass ein fieser Typ mit
Knarre
sie irgendwohin gezerrt hat, in eine finstere Straße,
sie hat ihn doch gemocht, hat mit ihm getanzt,
hat ihn geküsst,
warum das ganze Theater?«

ein kuss der freunde
ein tanz der vergewaltiger

Warum das ganze Theater?
Fragt immer einer, egal
um welchen Schultyp es sich handelt,
überall im Land,
ein neugieriger Junge, der auf
eine echte Antwort aus ist,
mit aufrichtigem Interesse,
während seine Freunde sich
verlegen winden.

eine minne der fahrenden ritter
ein grinsen der kerle

Die Frage erwächst aus echter Verwirrung,
keiner hat ihm je die Regeln der Intimität
oder die Gesetzeslage erklärt, sein Vater redet
nur über Kondome, garniert mit der Warnung
»Mach ihr bloß kein Kind«, seine Mutter sagt:
»Rede darüber mit deinem Vater«,
also guckt er sich Pornos an,
um sich dabei einen runterzuholen,
um über die Frauen Bescheid zu wissen.
Der Porno sagt, ihr Körper ist ein Reich,
das erobert werden möchte,
viele Worte sind dabei nicht nötig,
du nimmst dir, was du haben willst.

eine inbesitznahme durch männer

Von diesen Jungen lernte ich,
wie notwendig es ist,
über Einvernehmlichkeit beim Sex zu reden,
kein Blatt vor den Mund zu nehmen
über den Geschlechtsakt und die Folgen,
genug Respekt vor meiner Zuhörerschaft zu haben,
um ihnen die Wahrheit zu sagen,
denn sie haben es wahrhaftig nötig.

Andere Jungen ziehen mich beiseite, für ein paar
private Worte, sie erzählen mir, aus ihrem Freundeskreis
sei ein Mädchen vergewaltigt worden, sie sei depressiv
geworden, ritze sich und nehme Drogen, um zu
vergessen, was ihr widerfahren ist, sie wollen ihr helfen,
wollen, dass es ihr wieder besser geht, würden am liebsten
den Kerl umbringen, der das gemacht hat, versuchen, sich
rechtschaffen und ehrenwert zu verhalten,
nur wissen sie nicht so recht, wie.

eine rache der welpen

Manche Jungen erzählen mir, dass sie auch
Missbrauchsopfer sind, von Männern, dass sie
im Umkleideraum als Beute betrachtet werden,
niemals in der Schule auf die Toilette gehen,
kein einziges Mal in vier Jahren in der Schule
auf die Toilette gegangen sind,
weil es sich um einen gefährlichen Ort handelt,
wenn man kein Alphatier ist, mit der richtigen Meute
unterwegs.

Ein paar wurden selbst Peiniger,
wollten nicht mehr gemobbt, geschlagen,
kleingemacht, gedemütigt, ausgegrenzt werden,
halten sich an die ruhigen, stillen Jungen,
die Einzelgänger, die im Schatten bleiben.
Manche sind zu Hause herangezüchtete Monster,
Glied um Glied von Frankensteinvätern
zusammengeschraubt,
von Reue erfüllt und mit Scham durchtränkt.

die umverteilung der verletzungen

Mein Mann hat es für mich einmal durchgerechnet,
seit dem Erscheinen von *Sprich* habe ich
zu über einer Million Teenagern gesprochen,
diese Jugendlichen lehrten mich alles,
die Mädchen zeigten mir einen Weg
durch den finsteren Wald.

Die Jungen
brachten mich dahin
Twisted zu schreiben,
meine Hymne
auf die jungen Männer, die den Preis
für das Versagen
ihrer Väter bezahlen.

Der Sammelbegriff, nach dem ich suche,
ist Neugier.

die neugier der jungs

Ich spüre ihre Neugier,
sie wollen die Wahrheit wissen,
wenn aber ihre Fragen
unbeantwortet bleiben,
beginnt
das Leiden.

die pein der opfer

Notfall, in drei Akten

Erster Akt
Es war einmal,
ein Jahr vielleicht nach der Veröffentlichung von *Sprich,*
da lud eine Highschool in New Jersey
eine Autorin ein (ratet, wen),
über ein Buch zu sprechen
(ihr wisst, welches).

Stellt euch vor: Die Autorin (ja, richtig geraten)
geht das erste Mal auf die Bühne,
sie steht dort im Scheinwerferlicht,
hat ein Mikrofon zur Verfügung,
erhebt ihre Stimme,
sagt laut, was Sache ist,
über Macht und Körper und Sex und Gewalt,
ist entflammt, hat eine Botschaft mitzuteilen.

Kurzes Zwischenspiel
Tausend Schüler*innen stürzen hinaus,
die nächsten tausend Schüler*innen drängen herein.
Vorhang auf!

Zweiter Akt
Die Autorin (immer noch ich) öffnet
ihren Mund, meinen Mund, doch
kein neuer Wortschwall dringt heraus,
der Feueralarm schrillt los

und lässt mich verstummen.
Das einzige Mittel, wodurch der Direktor –
in blank polierten schwarzen Schuhen,
entweder in Panik vor den Eltern oder
von einem höllischen Schuldgefühl gepackt –
glaubt, mich zum Schweigen bringen zu können.

Die gesamte Schule drängt sich im Nieselregen
auf dem Parkplatz, eine Gruppe von Mädchen
versammelt sich still und unauffällig um mich,
hastig erzählen sie mir von
den Jungen, die sie in den Schulfluren begrapschen,
unter die Treppe ziehen,
und an den Wochenenden, wenn sie es geschafft haben,
eine von ihnen betrunken genug zu machen,
Mädchen vergewaltigen.

Der Alarm schrillt und schrillt und schrillt,
aber keine Rettung trifft ein.

Dritter Akt
Als die kreischenden Sirenen endlich abgestellt sind,
teilt der Direktor mir mit, dass ich
meinen Auftritt nicht fortzusetzen brauche,
denn über Sex
                    und Vergewaltigung
                                        und Körper
                                                  und Berührungen
            und Einvernehmlichkeit
und Gewalt
zu reden sei bei den Kindern,
die unter seiner Obhut stehen,

nicht angebracht,
denn
solche Dinge
passierten in seiner Schule nicht.

Vom Unmut einer Bibliothekarin

»Ich mochte Ihr Buch«, sagt die Bibliothekarin.
»*Prom*, nicht *Sprich*.«

Ich öffne den Mund, um –

»Natürlich ist es nichts für meine Bücherei«, fährt sie fort.

Ich schließe den Mund.

»Die Hauptfigur«, fügt sie hastig hinzu,

Ich höre zu.

»zeigt keinen Respekt gegenüber Autoritätspersonen,
schwänzt den Unterricht, schläft mit ihrem Freund …«

Ich warte.

»Für solche schlechten Vorbilder ist in unseren Regalen
kein Platz.«

Bingo
»Und am Ende des Buchs?«, frage ich.

»Mhm.« Sie fasst an das Kreuz an einem Kettchen
um ihren Hals.

Ich warte und denke
an die Meilen leerer Regalbretter
in den Herzen ihrer Schüler*innen.

»Mhm.« Blinzelt mich die Bibliothekarin aus ihren
puppenblauen Augen an.

»Sie durchläuft eine Wandlung und wird erwachsen.
Und die Prom-Szenen waren ziemlich witzig.«

Genau die Einstiegssätze, auf die ich gehofft habe.
Jetzt können wir ein Gespräch führen.

Sie richtet den Blick auf den Betonboden.
»Ich kann es mir nicht leisten, meinen Job zu verlieren.«
Sie läuft davon.

Diktatoren, unangemessen

Ein Oberschulrat in Florida verkündete
»mit Wirkung vom 8. September 2017, dass
kein Lehrmaterial (Schulbücher, Bücher in der
Schulbibliothek,
Klassenlektüre etc.), **>> ÜBER DIESES »etc.« STOLPERTE ICH**
das vom Schuldistrikt gekauft und/oder verwendet wird,
Schimpfwörter, Flüche, obszöne Formulierungen
>> REDUNDANZ VERWEIST AUF FEHLENDE GENAUIGKEIT IM DENKEN UND SPRACHGEBRAUCH
oder unangemessenen Lehrstoff enthalten darf.«

Beim Wort »unangemessen«
explodierte ich.

»Ohne die Freiheit des Denkens
kann es so etwas wie Weisheit nicht geben;
und so etwas wie öffentliche Freiheit
nicht ohne die Freiheit der Rede.«
Benjamin Franklin, 1772

So viele Probleme könnten gelöst werden
mit nur ein ganz klein wenig Wissen
über unser politisches System in den Vereinigten Staaten,
über die Verfassung
und die Aufgaben des Supreme Court, wie etwa im Fall
BOARD OF EDUCATION, ISLAND TREES UNION FREE SCHOOL DISTRICT NO. 26 V. PICO, 457 US 853, 872 (1982),

wo die Richter höchstrichterlich und denkwürdig
verlautbarten:

Der Supreme Court entscheidet in diesem
Präzedenzfall gegen alle Verantwortlichen in
Schulen, welche dort Bücher »lediglich deshalb
entfernen, weil sie den in diesen Büchern
enthaltenen Ideen nicht zustimmen und durch
das Entfernen dieser Bücher ›vorschreiben wollen,
was in Fragen der Politik, des Nationalbewusstseins,
der Religion oder bei anderen Themen als gültig
anzuerkennen ist.‹«

Zensur ist das Kind der Furcht,
der Vater der Unwissenheit
und die verzweifelte Waffe der Faschisten
überall.

Unschuld

Meine Bücher
im Namen der »Unschuld«
zu zensieren,
wird nicht den Wall errichten,
den ihr euch erhofft,
ist keine Verteidigung
gegen eine Gefahr oder einen Fremden.
Der Freund oder Feind,
dessen Hände euer Kind,
euer kleines Mädchen oder
auch euren kleinen Jungen,
begrapschen wollen,
als Spielzeug
für Sex- und Gewaltfantasien,
Perversionen,
deren schwere Last
euer Kind
in wildes Verdrängen
hinunterziehen wird,
Pein und Qual
nicht zu bändigen,
durch die sauberen Medikamente,
die ihr verschreiben lasst,
oder durch die schmutzigen Drogen,
die euer Kind sich auf der Straße besorgt ...

Nichts kann Erlösung bieten
von der Realität, die ihr geleugnet
habt, um das Glück eures Kindes
in ein Grab einzukerkern,
das zu tief für Vergebung ist.

Die falsche Unschuld, die ihr
euren Kindern vorspiegelt,
indem ihr die Wahrheit zensiert,
schützt nur euch selbst.

Das Wort

Das Gegenteil von Unschuld
ist nicht Sünde,
auch wenn euch erzählt wird,
dass die Bibel
etwas anderes sagt.

Fangt nicht an, mich
über die wahre Bedeutung des
lateinischen Wortes »abominatio«
belehren zu wollen, über Widersprüche,
über Bedeutungen, die die Bischöfe
unter den Tisch fallen ließen,
oder Übersetzungsfehler
oder Kopisten, die gelogen haben.

(Eva hat den Apfel gegessen,
weil Adam
zu viel Schiss hatte,
nur zur Erinnerung.)

Das Gegenteil von Unschuld
ist nicht Sünde.
Lasst es euch sagen,
liebe Gemeinde,
das Gegenteil von Unschuld
ist Stärke.

Miteinander verdrahtet

Filmaufnahmen blenden Autoren,
selbst wenn sie an einer verdreckten
Highschool in Columbus, Ohio,
stattfinden, 35 Grad Celsius,
9000 % Luftfeuchtigkeit,
Klimaanlage abgeschaltet,
Gründe dafür nicht bekannt.

Ich versuchte, nicht zu viel im Weg
herumzustehen, schmolz allmählich dahin,
bis von mir, der Autorin, nur noch eine
Schweißpfütze übrig war, ich hatte Angst,
Fehler zu machen, obwohl die Geschichte
ja durch und durch meine war.

Der Elektriker suchte nach mir.

Er sah aus wie der Typ in dem Video
von den Dire Straits: »Money for Nothing«.
Erinnert ihr euch an ihn?
Sah aus wie mein Großonkel,
groß, stämmig und grobschlächtig,
Quadratschädel,
Hände so groß wie Baggerschaufeln.
Roch nach Arbeit.

Er fand mich ganz hinten
in der höllisch heißen Turnhalle,
neben einem Tisch, der mit
Kabeln und Rollen schwarzen
Klebebands bedeckt war.
Er legte sein Werkzeug hin,
musterte seine schwieligen Hände,
räusperte sich und flüsterte:
»Ich bin Melinda.«

Hatte ich richtig gehört?
Unsere Blicke kreuzten sich.
Zehntausend Volt blitzten
durch die Luft, dann sagte er
noch einmal, lauter:
»Ich bin Melinda.«
Und ich hörte, sah
den kleinen Jungen, der sich
tief in ihm versteckte.

Ich stotterte,
zuckte in der elektrisch
aufgeladenen Atmosphäre,
hoffte, die richtigen
Worte zu finden.

Ihm war nicht groß nach Reden.
Er nahm vom Tisch eine Rolle
schwarzes Klebeband, das
zum Isolieren dient und dazu,
Dinge zusammenzuhalten,
und sagte:

»Viele von uns
hier an diesem Set
sind Melinda.«
Er blinzelte, ein paar Tränen
liefen ihm hinunter.
»Weil, wissen Sie,
uns ist es auch passiert.«

Nadelwerk

Nicht, dass ich es nicht
besser weiß, sagte sie,
ich hätte es jedenfalls
wissen sollen, sagte sie,
dieses Bild von einem Mädchen,
deren Welt nur noch
Flickwerk war,
der alte Stoff
zerfetzt.

Sie sagte: Ich musste kotzen,
während er mich vergewaltigt hat,
deshalb drehte er mich um,
damit er weitermachen konnte.
Wer macht denn so was?, fragte sie,
Stich um Stich die Fetzen wieder
zusammenflickend,
wer, wie, was, warum.

Sie sagte: Er hat nicht nur meinen
Körper benutzt, er hat für mich alle Wege
zu Stolperfallen gemacht, deshalb
gehe ich nur noch auf Zehenspitzen
in die Klassenzimmer,
er vergiftet die Luft in der Cafeteria
mit seinem Gelächter und dem
seiner Freunde.

Ich zerfalle an den Nähten,
zerfasere, löse mich auf,
mein Gewebe besteht nur noch aus
Rissen und Löchern.

Ihre neue Gemeinschaft
hat Millionen von Mitschwestern,
die Stich um Stich ihren Faden vernähen,
die Nadeln an ihrem versteinerten Schoß
geschärft und die Stickrahmen
aus Hüftknochen geschnitzt,
die aufgestickten Muster von Mädchen
zu Mädchen weitergeflüstert,
unsichtbare Worte eingenäht,
die vom Überleben berichten,
Körper und Seelen zählen,
den Weg weisen,
mit Stichen so fein und zart wie Geflüster.

Der Stoff aber, schlecht gewebt und ungeprüft,
Kett- und Schussfäden nicht ordentlich ineinandergefügt,
verhindert, dass der Wandteppich der Erinnerung
jemals vollendet wird, und so
macht sie sich daran,
das zu verändern, indem sie die Tränen vernäht,
das Flickwerk ihres Lebens
durch neue Muster, stärkere Knoten repariert,
sie stückelt sich neu zusammen,
wird ein Patchwork, von liebenden Händen
zusammengefügt, bewusst erschaffen,
fängt an, ihre eigene Wahrheit zu weben,
indem sie den Mund aufknöpft.

#MeToo

Me, too weak
zu schwach, um ihn abzuschütteln
auch ich
Me, too scared
verängstigt schweigend
auch ich
Me too, disassembled
entzweigebrochen durch den typen,
der … … … …

miss verstanden
miss trauen
miss braucht
tragt meinen namen weiter
an meine geschwister im gem e i n s a m e n elend
die wie ich
die gewalt ertragen,
in worte fassen,
offenbaren,
von der die da so gerne hätten,
dass wir sie
weiter verheimlichen

Me to be stronger
auf dass ich stärker werde
you to stand taller
und ihr noch größer seid

und wir lauter rufen
als die da jemals glaubten,
dass wir es können

Schlüssel

Was sollte dabei sein, zu ihm nach
Hause mitzugehen, du kennst ihn
ja schon eine Ewigkeit, einmal ist er
bei euch in der Küche umgekippt, während
einer Party (du hast ihm ein Kissen und
einen Kotzeimer gegeben, am Morgen danach
hat er beides sorgfältig gereinigt).
Bei der Homecomingfeier hast du
seine Eltern kennengelernt,
sie mochten dich.
Er hat Pizza bestellt, will unbedingt
mit dir auf seiner neuen Konsole
spielen, und er hat Margaritas gemixt, weil
er weiß, dass sie dein Lieblingsdrink sind,
du kannst ihm vertrauen.

Nicht gesagt hat er dir, dass
seine Mitbewohner übers Wochenende
nicht da sind,
aber, hey,
du weißt, wie du dich verhalten musst,
wirst ja in den Social Media überschwemmt
mit Bildern und Videos von Frauen, die sich selbst
verteidigen, kennst die Regeln, weißt, wie du dich wehren
musst, wenn du im Dunkeln angegriffen wirst,
Autoschlüssel zwischen den Fingern, mit Wolverinekrallen
gerüstet, wenn ein Fremder sich nähert,

du bist die Superheldin,
Soundeffekte umwabern deinen Kopf,
tritt ihm in die Eier,
du hast die Power,
drück ihm die Kehle zu, schieb ihm das Nasenbein
ins Gehirn, geht ganz leicht.

Und dann gibt es ja noch die
Regeln zwischen Mädels, oder?
Wir Mädels passen aufeinander auf,
überwachen gegenseitig unsere Drinks,
vereinbaren Notfallsignale, falls wir Hilfe brauchen,
keine verlässt den Club mit einem Fremden,
ohne dass bei ihr das GPS-Tracking angestellt ist und
Zeiten vereinbart sind, zu denen sie sich meldet.
Wir sind stark,
wir kümmern uns umeinander.

Aber das hier ist anders,
weil er kein Fremder ist,
er ist ein Kumpel und ein Freund
aus einer Clique von Freunden,
er ist ein Freund, wohlbekannt, und er reicht dir
eine Margarita, vermischt mit einem Schuss
GHB oder Ketamin oder Rohypnol,
übernimmt die Kontrolle, startet sein Spiel.

Und du wachst am nächsten Tag auf
– kaputt, geschunden, verwirrt,
benommen, zerschlagen, zerrissen
vom inneren und äußeren Schmerz.

Die Regeln, die sie dir beigebracht haben,
waren die falschen Werkzeuge,
Autoschlüssel, von zarten Fäusten umklammert,
funktionieren nie.

DeinSchwanz(™)

DeinSchwanz(™) ist nicht so besonders, wie du es gerne hättest.
Er ist keine Kanone, kein Gewehr oder der Football,
über alle Spieler auf dem Feld hinweg abgefeuert,
sich um sich selbst drehend, von den Träumen deiner
Eltern befeuert, in die Arme des Jungen,
der schnell genug ist, um sich von der Meute zu lösen,
wendig genug, um zwischen Seitenlinie und Endzone zu tänzeln,
dieser Junge,
der Manns genug ist, um sich anspielen zu lassen
und **getroffen** und **getroffen** und **getroffen**
und **getroffen** und **getroffen** und **getroffen und getroffen**
und getroffen,
während sie Wurf auf Wurf häufen, so lange, bis
der Abpfiff ertönt.

Ich weiß, dass das für dich verwirrend ist,
aufgewachsen, wie du bist,
mit Bierwerbung, die dir beigebracht hat
Bier + Football = Sex,
und dass du, wenn Bier im Spiel ist, ganz zu schweigen
von den hochprozentigen Freunden Jack, Stoli oder Fireball,

gewürzt mit den Pillen aus der Hosentasche
deines Kumpels,
dich dazu berechtigt fühlst,
ins Volle treffen, das andere Team beherrschen zu wollen –

Tu's nicht. Sex ist kein Spiel, bei dem eine Person siegt,
indem sie die andere vernichtet.
Widerstand mit aller Macht zu überwältigen
gehört ganz allein auf das Spielfeld,
wo die ganze Aufmerksamkeit dem Ball gilt,
nicht DeinemverdammtenSchwanz(™).

Vergebung

Nimm dein Alter, als das erste Mal ein Fremder
deinen Körper berührt hat, mit Gefahr an den Händen,
Böses im Sinn ...

Aber normalerweise handelt es sich gar nicht um
einen Fremden, oder?

Meistens glaubst du, ihn zu kennen,
gut zu kennen,
ohne dass du ihn wirklich kennst,
wenn es dein Bruder, dein Onkel, Großvater, dein
Vater ist,
der sich in ein Monster verwandelt hat,
kaum war er mit dir allein;
oder vielleicht war es auch dein

Lehrer, Kaplan, Chef, der Junge, mit dem du ausgegangen bist, dein bester Freund, der Bruder der besten Freundin, der Vater der besten Freundin, dein Arbeitskollege, der Präsident, ein Mitbewohner, Professor, Metzger, CEO, Talentscout, Laborpartner, Zahnarzt, Fotograf, Busfahrer, Clown, Bandleader, dein Trainer, Pastor, Pfadfinderführer, Kongressabgeordneter, Jugendpfarrer, Anwalt, Mentor, Regionalmanager, ein Nachbar, Dirigent, Vereinsvorsitzender, der Rabbi, Held, Therapeut, Skilehrer, Kinderarzt,

der Vater der Kinder, bei denen du zum Babysitten warst
und der angeboten hat, dich nach Hause zu fahren,
der Junge, in den du dich verliebt hast,

oder der umschwärmte Typ aus der Fußballmannschaft,
der sich in ein Monster verwandelt hat,
wenn er mit deinem Körper
allein war.

Bist du immer noch dabei nachzuzählen?
Potenziere die Zahl um drei und
erhöhe damit um ein Vielfaches
die Wirkung der Hände,
die dich fest umklammert haben,
denn du spürst sie heute noch.

Die Notausgänge waren versperrt, deshalb warst du
so klug, aus deiner Haut zu fliehen,
sobald du seine Absicht gerochen hast,
wie eine Selkie ihr Fell hast du sie abgelegt
und dich mit angehaltenem Atem im Rauch versteckt.

Multipliziere deine Zahl mit der Anzahl der Jahre
(oder Monate oder Tage, vielleicht Stunden),
bis du darüber gesprochen hast,
es ausgesprochen hast,
den sexuellen Missbrauch, die herumfummelnden
Hände, aufgezwungene Berührung,
die Jagd um den Schreibtisch herum und zur Tür hinaus,
die versprochene Rolle, die angebotene Beförderung,
die Drohung, deine weitere Karriere zu behindern,
die Drohung, deinen Kindern etwas anzutun,
Männerhände, die dich gegen die Wand stoßen,
aufdieCouchdenFußbodendieErdedenSchreibtisch,
schmutzige Worte in deine Haare gespuckt,

dir die Arme verdreht,
weil er erst dann kommen kann, wenn du schreist.

Jetzt multipliziere deine Zahl mit der Anzahl von
Gelegenheiten, bei denen du sexuelle Belästigung
über dich hast ergehen lassen müssen,
angerempelt oder verbal angemacht wurdest, dir hinterher gepfiffen wurde, Tratschgeschichten und Witze über dich erzählt wurden, du als frigide bezeichnet, als Schlampe beschimpft, durch K.-o.-Tropfen betäubt, durchs Fenster beobachtet, in einem Zug betatscht wurdest, dir unter den Rock gegriffen wurde oder aber irgendsoein totaler Verlierer dir seinen Schwanz im Park
oder im Bus gezeigt hat
oder dir ein Foto davon auf dein Handy geschickt hat,
ungefragt und ungebeten.

Studiere diese Zahl
und egal, wie hoch sie ist,
steh dazu und
vergib dir,
denn nein, meine Freundin,
du übertreibst dabei nicht.
Kein bisschen.

Outcast

In winzigen Buchstaben
schrieb sie,
dass sie
keine Ausgestoßene wie Melinda sei,
nicht aus demselben Grund,
aber
ausgestoßen sein
schmerzt gewaltig,
egal, wer du bist
oder was passiert ist.

Triptychon

Ein Mädchen an einer Privatschule
an der Westküste
wurde auf einer Party
von zwei Jungen vergewaltigt,
von denen sie geglaubt hatte,
sie seien ihre Freunde.

Sie schleppte sich nach Hause,
rief die Polizei an,
die Vergewaltiger wurden festgenommen
und kamen auf Kaution wieder frei,
gingen zur Schule,
in ihre Schule.
Sie fuhr mit dem Bus nach Hause,
rief ihre Anwälte an, die eine Verfügung erwirkten,
dass die Vergewaltiger zu ihr einen Abstand
von 60 Metern einhalten mussten,
was den Stundenplan gehörig
durcheinanderbrachte
und die Schulleitung gewaltig nervte,
die sie daraufhin für die Mittagspause
in die Bücherei verbannte.

Eines meiner Lieblingsbilder in *Sprich*
ist Melinda im Laden ihrer Mutter, wo sie
die Flügel des dreiteiligen Spiegels

um sich herumklappt,
das Jetzt direkt vor ihr,
die Vergangenheit links
und ihre Möglichkeiten in der
Zukunft rechts.

Kummer und Leid schnappten
in der Mitte ihres vorletzten Schuljahrs
nach dem Mädchen, bissen sich
in ihren Waden fest, zerfetzten ihre
Achillessehnen, sie konnte nur humpelnd
ihren Weg fortsetzen, die zwei Jungen
kamen für die Vergewaltigung auf der Party
mit einer Bewährungsstrafe davon,
sie aber dröhnte sich deswegen jahrelang zu,
verletzte sich selbst bis zur Unkenntlichkeit.

Für Melinda spiegeln diese Spiegel
endlos die Verzerrung, in der sie
sich selbst wahrnimmt, ihr pochendes Herz
wird zu einem Kaleidoskop, ihr
warmer Atem beschlägt das Glas.

Es dauerte Jahre, aber irgendwann
hörte das Mädchen auf, sich zuzudröhnen,
sie machte ihren Abschluss und arbeitete
in einer Fabrik. Auch aufs College versuchte
sie zu gehen, aber ihre PTBS trieb sie nach
Hause zurück, wo sie sich sicherer fühlte.
Die beiden Jungen, die sie vergewaltigt hatten,
beendeten die Schule ganz normal, gingen aufs

College, heirateten, zogen fort, fingen ein
neues Leben an und taten so, als wären sie
Unschuldslämmer.

Melindas Ausweg besteht darin, so lange in
den Spiegel zu starren, bis sie sich mit
sich selbst versöhnen und die Tür zu
einem anderen Ort aufstoßen kann,
aber das Mädchen an jener Schule,
war dafür viel zu verstört. Zertrümmerte
alle Spiegel, nagelte von innen die Fenster zu,
verriegelte die Türen und blieb für immer als
Fünfzehnjährige dort im Dunkeln eingesperrt,
zu lebenslanger Haft für eine Tat verurteilt,
die an ihr begangen worden war.

Danuta Danielsson

Wir kommen alle in einer Welt
zur Welt, in der wir kämpfen müssen,
aber nur wenige werden darauf
vorbereitet, stattdessen
sagt man uns:
»Seid brav.«

Danutas Mutter überlebte
ein Konzentrationslager,
am Leben, aber schwer versehrt,
und als dann 1985 eine Horde von
Neonazis durch die schwedische Stadt,
in der Danuta wohnte, marschierte,
holte sie weit aus
und schlug einem Neonazi
mit ihrer Handtasche auf den Kopf.

Es war eine große Handtasche.

Sie ist ausgerastet, hieß es,
konnte es eben nicht mehr verkraften,
hatte ihre Sollbruchstelle erreicht.

Wir sollten unseren Mädchen beibringen,
dass es vollkommen okay ist
auszurasten,
auf alle Fälle besser,
als von anderen
kaputt gemacht zu werden.

Gespräch im Zug

»Also lässt du
es über dich ergehen,
weil tust du's nicht,
kriegst du im Netz
den Shitstorm
von seinen Freunden ab.«

Sie wischte gegen
den Strom von Tränen an,
von dem sie mitgerissen wurde,
bevor der Zug anhalten konnte.

Nachsinnen

Ophelia und Persephone betreten einen Coffeeshop.
Der Duft von Zimt und Regen weht herein.
»Latte?«, fragt Ophelia.
Persephone nickt. »Mit extraviel Kaffee. Und du?«
»Earl Grey, heiß, mit Rum.«

Ich stelle die Musik aus, behalte die Kopfhörer auf,
tippe wild drauflos, damit ich sie beobachten kann.
Sie machen Schnick Schnack Schnuck, wer die Rechnung
bezahlt. Persephone gewinnt, grinst, bestellt Scones
mit Marmelade. Ophelia gibt ein großzügiges Trinkgeld.

Unsere Ophelia, unfreiwillig und ohne es zu wissen
mein Modell für zum Schweigen gebrachte Mädchen,
die sich allein durch den männlichen Blick sehen;
bleiches graues Konstrukt, sich unablässig in Geschichten
mit Jungs und in Flüsse stürzend. Eines Tages fand ich
Haarsträhnen von ihr an einem Beerenstrauch, die ich
pflückte und ins Bild einwebte, noch ohne zu wissen, dass
sie später meinem Haupt als Melinda entspringen würde,
voll ausgeformt.

Sie unterhalten sich leise miteinander, bemerken nicht
die hungrigen Blicke, ihnen zugeworfen von Männern
und Jungs, die eifersüchtig sind auf den Dampf,
der ihre Gesichter umkringelt,
oder kümmern sich nicht darum.

Sie streichen Butter und Marmelade auf die Scones, prusten,
über einen Witz, den nur sie beide verstehen. Sie sprechen
ihre eigene Sprache, die beiden.

Vor Jahren stolperte ich im Supermarkt in
Persephones Mutter hinein, wir machten uns beide
Sorgen um unsere Töchter, um alle Töchter, die in
der Unterwelt gefangen sind und sich nicht mehr
in unserem Gesichtskreis befinden. Demeter
wischte mir die Tränen fort und fütterte mich mit
Granatapfelkernen, die ich hungrig hinunterschluckte.
Der Geschmack flutete in meinen Mund zurück, als
Lia erwachte, das Wintermädchen, ~~mir dankbar
dafür, dass sie reden durfte,~~ wütend auf mich,
weil ich ihr zuhörte.

Mein Kaffee ist eiskalt, die Finger steif vom Tippen,
es ist Zeit, mich nach Hause aufzumachen,
durch den Wald zurückzugehen, und während ich
mein Schreibwerkzeug zusammenpacke,
schauen sich die Mädchen plötzlich wortlos
in die Augen, die Finger auf den Krümeln ineinander
verschränkt, die Knöchel beglänzt von Butter und
Marmelade.
Persephone schiebt Ophelia eine Haarsträhne hinter
die Ohrmuschel und Ophelia nimmt Persephones
Hand und küsst sie sanft auf die Innenfläche.

Ich lächle und schließe hinter mir die Tür.

Anatomie

Also, weil wir gerade dabei sind,
ich hab da ein Hühnchen mit dir zu rupfen,
Ken,
wegen deinem Schniepel, oder vielmehr
dem Nichtvorhandensein eines solchen
Geschlechtsteils oder anderer Hinweise
auf deine männliche Sexualität,
ganz zu schweigen von einem Instrument zum Pinkeln,
ich bin nämlich mit einem Schwarz-Weiß-Fernseher
aufgewachsen, lange vor Kabel oder Satellit,
mit nur drei Kanälen (und dem Sender PBS, misstrauisch
beäugt von meiner Republikaner-Mutter) plus dem
Schraubenschlüssel, mit dem wir die Sender
verstellten, der Drehknopf schon vor zwei Umzügen
kaputtgegangen – wir hatten nicht
viele Möglichkeiten, um uns zu informieren.

Also, weil wir gerade dabei sind,
ich bin nämlich in einer in Plastikfolie eingeschweißten
sexlosen Welt aus Weißbrot und Mayonnaise
aufgewachsen,
eine Schwester, keine Brüder, zwei puritanische Eltern,
deshalb bezog ich meine ganze Kenntnis über die
Anatomie von Jungen
von dir, Ken,
du schwanzloses Wunderwesen,
und du hast mich so verwirrt!

Ich hatte Freundinnen mit Brüdern,
deshalb wusste ich, dass Jungs ein …
DING
hatten und dass dieses DING
ihr Kryptonit war,
denn wenn ein Junge steif wurde
(das verwirrte mich, denn »steif« war
ein Wort, das für mich eher zu Hemdkrägen
und Großvätern passte),
dann sollte ich, hatte man mir gesagt,
ihm zwischen die Beine treten,
weil das DING
offensichtlich ziemlich verletzlich war
und so ein Fußtritt wirklich wehtat
und der Junge mich dann in Ruhe lassen
würde. Einmal kam bei uns am Esstisch
(Pfarrhaus, weißes Tischtuch, Kerzen, man stelle
sich das einmal vor) das Gespräch darauf und
mein Vater kriegte einen Hustenanfall
und einen roten Kopf und sagte,
ich solle einem Jungen immer erst in die
Magengrube boxen und mir das
Gegen-das-DING-Treten
für den äußersten Notfall aufheben,
falls der Junge so dumm war,
dass der Boxhieb ihn nicht vertrieb.

Also, weil wir gerade dabei sind,
ich hab dir die Hose ausgezogen,
Ken,
immer wieder,
dir von vorn und von hinten

zwischen die Beine geschaut,
total erstaunt,
weil ich mir ziemlich sicher war, dass die flache
blassfarbene Stelle in deinem Schritt
nicht das DING war,
von dem auf dem Spielplatz geredet wurde
oder das meinen Vater rot anlaufen ließ.

Meine Fantasie richtete sich damals auf Burgen,
Drachen und sagenumwobene Gebirge,
nicht auf deinen Kram.
Auch nicht, als ich mich durch Barbies Körper
 – Busenbarbie, Bauch-Beine-Po-Barbie,
 Taillenwunder-Barbie-Babe –
unter Druck gesetzt fühlte
(du musst dir das mal vor Augen halten, Ken, ich war elf)
und nicht einmal, als ich »erblüht« war,
um den peinlichen Ausdruck meines Vaters zu gebrauchen,
verstand ich das mit dem DING,
das bei dir fehlte.
Jahrelang blieb ich unwissend,
was seine genaue Lage betraf.

Stell dir also meine Überraschung vor,
Ken,
als ich schließlich mit einem Sexualpartner,
voll ausgestattet mit einem DING,
nackt zusammen war
und neugierig das Licht anmachte,
um dieses Exemplar zu studieren.
(Allerdings schrumpelte sein DING im
Scheinwerferlicht, erholte sich aber später

wieder davon.)
Und ich war schockiert, sag ich dir, wirklich schockiert,
als ich entdeckte, dass das DING zwar definitiv
in der unteren Körperhälfte angesiedelt ist,
aber nicht wirklich zwischen deinen Beinen,
sondern stolz aus dem Schamhaar herausragt,
das im Vorgarten deines Schritts wächst.
Nie wär ich darauf gekommen!

Also,
Ken,
du hast mich da ganz schön
an der Nase rumgeführt, aber
ich habe meinen Frieden geschlossen
mit dir
und dem verwirrten Mädchen,
das ich einmal war.

Und Barbie?
Zu dieser Bitch habe ich
nichts zu sagen.
Sie soll erst einmal lernen,
flachfüßig durchs Leben zu gehen
wie eine richtige Frau.

Freiheit für die Regel

Wir bluten
beinahe unser halbes Leben
im Rhythmus des Mondes,
aber immer noch
glauben manche Männer,
so etwas sei wahnsinnig
eklig und unnatürlich.

Es mag vielleicht ein
kleiner Makel im Design sein,
dass die Vagina sich
zwischen der Öffnung fürs Pinkeln
und der Öffnung fürs Kacken befindet,
aber das reicht nicht aus für die Beschämung,
das Gefühl, dass Frauen irgendwie
schwächer
oder schmutzig
oder verdammt sind,
weil wir einmal im Monat bluten.

Unsere Körper sind schlammige Flüsse,
über die Ufer tretend, um die Felder fruchtbar zu machen,
von Stürmen durchtoste Ozeane, angefüllt mit
der Energie von Zeit, Gezeiten und Galaxien,
silberne Eiskappen, die den schwachen Versuchen
der Sonne, uns zu schmelzen, trotzen.
Wir bluten und werden dadurch stärker.

Manche von uns pflanzen sich innerhalb eines
Mondes fort, lassen ihr Blut in die Liebe fließen,
pflanzen seinen Samen in ihr Ei ein,
erschaffen Leben und nähren es.
Unsere rot ummantelte Stärke,
gebärend
in einem Sturm aus Salz
und Blut.

Wir sind kreißende Gebirge.

Nennt es nicht Regel,
nennt es Leben.

Von innen nach außen gekehrt

Schwestern der zerrissenen T-Shirts.

Schwestern der Jagd
um den Schreibtisch,
um die Castingcouch,
durchs Hotelzimmer,
die Aktenregale entlang.
Schwestern, die ihr
zertrümmerte Träume,
zerschlagene Hoffnungen,
in den Schmutz getretene Ziele
hinter euch herschleppt.

Schwestern, die ihr
jede für sich
im Tümpel der Scham fischt;
eure Angelhaken, an denen als Köder
die Angst sitzt, immer wieder
leer aus dem Wasser ziehend.

Die Wahrheit dämmert langsam,
wenn du geschlagen und
angelogen worden bist,
aber ist sie einmal erwacht,
brennt sie stark und hell.

Schwestern, lasst Angelrute
und Köder fallen. Kehrt euch
von dem Tümpel ab, stützt
euch gegenseitig, wenn ihr
Hilfe braucht. Spürt die
Geburtswehen
einer anderen Wahrheit,
die ans Tageslicht will:
Scham,
von innen nach
außen gekehrt,
wird zu Wut.

Aufruf

Wir sind Schwestern
mit demselben Marschgepäck,
du und ich,
die Riemen schwerer Rucksäcke schneiden
in unsere Haut, blutige Fußabdrücke
geben Zeugnis von dem langen Weg,
den wir hinter uns haben.

Es ist dir auch widerfahren,
ich weiß, dass es so ist.

Deshalb bin ich so verwirrt.
Ich sehe deine Narben, das Zucken um deine Augen,
wenn wieder so ein Typ laut über das hinwegpflügt,
was du gerade gesagt hast, dich absichtlich von
uns anderen abdrängt, sich viel zu dicht neben dich
stellt, deinen Namen zu seinem Ruhm benutzt,
unsere Zeit frisst, weil er nicht vom Mikrofon ablässt,
für die halbe Arbeit doppelt so viel bezahlt bekommt,
mit jungen Mädchen flirtet, vertrauensselig, gutgläubig,
aufgeregt, weil er ihnen die Getränke bezahlt.

Es ist dir auch widerfahren,
ich weiß, dass es so ist.

Aber als dann klar wird, dass es ein weiteres Opfer gibt,
benutzt, beschmutzt, zerrissen, weggeschmissen,
schnaubst du verächtlich, bellst dein Misstrauen heraus,
zitierst uns die Vergangenheit herbei, in der Mädchen
zu schweigen und so etwas eben hinzunehmen hatten,
so wie du, ohne jede Unterstützung, selbst in
einfachen Dingen, und es nie gewagt hätten,
Anzeige zu erstatten oder eine gerichtliche Untersuchung
anzuzetteln, nein, niemals – du lachst höhnisch auf,
obwohl ihr Flirt ganz bestimmt keine Einladung
zur Demütigung war.

Er hat sie vergewaltigt
und du, Jahrzehnte danach immer noch blutend,
bist nicht geheilt genug, um ihr zu helfen,
sondern es ist aus dir ein Monster geworden, das
unsere Schwestern bepisst, auf ihrem eigenen
jämmerlichen Weg an die Spitze,
die Krallen immer ausgefahren.

Es ist auch dir widerfahren,
ich weiß, dass es so ist, ich kann es riechen,
ich sehe, wie der Schmerz dein schiefes Lächeln
einrahmt, ich erkenne den Selbstverteidigungsreflex,
Kinn vorgeschoben, Fäuste geballt.

Tut mir leid, dass du nicht die Hilfe bekommen hast,
die du gebraucht hättest, ich hätte dir eine weiche
Wolldecke gewünscht, die dich umhüllte, Menschen,
die dich an der Hand nahmen, während du
wieder gehen lerntest.

Deshalb steh jetzt an unserer Seite,
lass uns gemeinsam zornige Tanten sein,
thronende Vetteln mit versehrenden Sicheln,
anstatt diese Männer zu verteidigen,
die über dich lachen,
sobald du ihnen den Rücken zukehrst.
Stütz dich auf mich, Schwester.

Kümmer dich nicht um dumme Ratschläge

Lass dich nicht töten.
Lass dich nicht ausrauben.
Lass dir nicht Leistungen in Rechnung stellen,
die gar nicht erbracht wurden.

Pass auf, dass dein Haus nicht abbrennt.
Oder bei Frost die Wasserrohre bersten.
Oder deine Kinder schmutzige Wörter benutzen.
Pass auf, dass dir dein Geldbeutel nicht gestohlen wird.

Lass dich nicht unter Wasser ziehen.
Pass auf, dass du dir keine Lebensmittelvergiftung oder
die Grippe holst. (Lass dich um Himmels willen impfen.)
Pass auf, dass du nicht Krebs bekommst, im Ernst,
krieg bloß keinen Krebs.

Pass auf, dass dir kein Betrunkener reinfährt.
Pass auf, dass du nicht vom Blitz getroffen wirst.
Pass auf, dass du keine Allergien entwickelst.
Pass auf, dass du keine Depression bekommst.
Pass auf, dass das Finanzamt dich nicht auf dem Kieker hat.
Pass auf, dass du nicht auf Catfishing reinfällst
oder so manipuliert wirst, dass du deiner eigenen
Wahrnehmung misstraust.
Pass auf, dass dich dein Freund nicht ghostet.
Lass dich nicht zu einem größeren Auto überreden.
Lass dich von keinem tollwütigen Hund beißen.

Gib deiner Freundin keinen Grund, auf dich
    wütend zu sein.
Pass auf, dass du von deinem Partner nicht betrogen wirst.

Pass auf, dass du nicht angepöbelt wirst,
    beiseitegezerrt wirst,
    auf Fotos auftauchst,
    an die du dich nicht erinnerst.

Pass auf, dass du nicht vergewaltigt wirst,
    denn die Arschlöcher und Idioten
    werden behaupten,
    dass es deine eigene Schuld ist,
    wie bei allem anderen auch.

Vergeltung

Die Vergeltung beginnt
als ein Geflüster,
das zu Schneeflocken wird,
zu Regen zerfließt,
auf stille Äcker niedergeht,
Samen weckt,
die im Schlamm begraben sind.

Wütende Männer,
Väter, deren Töchter,
von euren Jagdbrüdern
entmächtigt wurden,
eure Raserei und Schuld,
einsickernder Schmutz,
wie ein Schatten,
vor dem ihr euch fürchtet.

Die Vergeltung nährt
Samen, die sich in der
Nacht entfalten,
von der Finsternis essen,
vom Mond trinken,
sich dem Morgen entgegenrecken,
ans Licht drängen,
unsere Haut mit Sonne imprägnieren,
bis unsere Knochen davon durchtränkt sind.

Drum, tut mir leid, ihr männlichen Helden,
erschreckt ruhig vor eurem eigenen
Spiegelbild,
denn egal, wie sehr ihr euch anstrengt,
egal, wie laut ihr euch durch
ein Surroundsystem
gut geschmierter Lügen
bejubeln lasst,
ihr könnt uns immer noch hören.

Die Vergeltung
verwandelt uns in Tiger,
die euch jagen,
einen nach dem anderen,
euch am Genick packen,
um ihr
um ihm
um ihnen allen
ins Gesicht zu schauen,
den Seelen,
die von Körpern in Besitz genommen sind,
die ihr ihnen gestohlen habt,
für eine Sache, von der ihr glaubt,
es handle sich dabei doch nur um wenige Minuten.

Und nachdem die Felder abgeerntet sind,
Steine und Stoppeln beseitigt,
die Schwerter zu Pflugscharen umgeschmiedet,
die Ackerfurchen gepflügt,
werden die neuen Samen, tief in die Erde gesetzt
und mit all unserer Fürsorge bedacht,
zu starken Kindern heranwachsen,

mit freundlichen Händen, starken Körpern
und rechtschaffenen Herzen,
die erste Generation,
die keine Narben trägt,
unantastbar,
eure Niederlage
und unser Triumph.

Mit freundlichen Grüßen

Vielleicht packen wir das alles ja falsch herum an.

Vielleicht sollten wir all die Männer laut
beim Namen rufen, die uns nicht
vergewaltigt haben. Oder es noch
nicht einmal versucht haben.
Lasst uns diejenigen feiern,
die um Erlaubnis fragen, bevor
sie sexuell zur Tat schreiten und
– schreibt euch das hinter die Ohren! –
die Antwort auch akzeptieren!

Applaus, du liebenswertes Bild von einem Mann,
du wahrer Krieger des Schwertes!
Danke, dass du mir keine K.-o.-Tropfen
ins Getränk gemischt hast!
Ich bin dir so dankbar, dass ich nicht Opfer
einer Gruppenvergewaltigung durch dich und
deine Mitbewohner geworden bin!
Ich habe mir von dir keinen Herpes geholt, weil du
einfach so toll bist,
du hast mich nicht geschlagen
oder mir deinen Schwanz in den Mund gestopft!
Du bist super!

Eine schöne neue Welt
von Grußpostkarten
zeichnet sich am Horizont ab.

Lieber Vorgesetzter,
nur um Sie kurz davon in Kenntnis zu setzen:
Ich habe vor, an Ihre Mutter
einen Blumenstrauß zu schicken
und ihr zu verkünden, wie großartig Sie sind,
weil Sie nämlich nie vor mir Ihren Schwanz rausgezogen
und sich einen runtergeholt haben.

Lieber Dekan,
ich bin froh, Ihnen mitteilen zu können, dass
keiner meiner Professoren in diesem Semester
versucht hat, mich zu einem Blowjob zu zwingen.
Die Gerichtsverfahren haben echt was bewirkt!
Sie machen ihren Job großartig! Bitte weiter hart bleiben!
(Entschuldigung für den Kalauer.)
(Ach was, nein, ich entschuldige mich überhaupt nicht.)

Natürlich tut man so was nicht,
aber wie können wir es richtig machen?

Für den Inhalt wird keine Haftung übernommen

Der Brief kam aus einem Gefängnis,
auf der ersten Seite schrieb mir der Mann,
dass er *Sprich* gelesen hatte, danach
redete er, schrieb er von seinem Trauma,
als kleiner Junge mit seinem Körper als
Spielzeug für einen Onkel hergehalten zu haben,
so viele Jahre lang, dass er sich nicht mehr
daran erinnern konnte, wie sich das Leben für ihn
davor angefühlt hatte.

Auf der zweiten Seite schrieb er weniger offen,
kehrte die Verletzung in Wut, wetterte,
verheimlichte die wahren Umstände,
die Anklage auf sexuellen Missbrauch
seiner Stieftöchter, alle jünger als sieben Jahre,
erzählte etwas von Justizirrtum, er sei
unschuldig hinter Gittern, erklärte er,
grüble ständig darüber nach, warum die Welt
sich dermaßen gegen ihn verschworen habe,
Zeile um Zeile hingekritzelt,
schichtete er seine Verletztheiten zu einem
Fegefeuer der Eitelkeiten auf, um die eigene
Verdammnis auszubrennen und seine
Verbrechen in Rauch und Nebel zu hüllen.

Ich forschte nach und fand die
andere Seite der Geschichte heraus,
wie er vor dem Prozess auf
Facebook beichtete,
dass eine *andere Person*
in seinem Körper lebe
und dass diese *andere Person*
die Mädchen ... möglicherweise ...
verletzt ... haben könnte, und
falls dies der Fall gewesen sein sollte,
dann täte ihm dies sozusagen leid.

Innerhalb von einer Stunde stand für die
Geschworenen seine Schuld fest, der Richter
verurteilte ihn zu neunzig Jahren Haft,
aus der er nun mit vergiftetem Stift schreibt.

Bekommt man in den Vereinigten Staaten
einen Brief aus dem Gefängnis, findet sich
auf dem Umschlag der Stempel:
»Für den Inhalt wird keine Haftung übernommen.«
Was man ganz so aber auch
wieder nicht sagen kann.

Katalysator

Ich habe ein Buch über ein Mädchen geschrieben,
deren Lieblingsfach Chemie ist, eine Cross-Country-
Läuferin,
Tochter eines Pfarrers, die sich nur am MIT bewirbt,
und, na ja, dann gibt es ein paar Komplikationen.
Sie ist ein bisschen wie ich, nicht zu sehr,
von außen betrachtet wirkt ihr Leben perfekt,
aber in ihrem Herzen trägt sie ein schwarzes Loch
mit sich herum, ihre Adern durchströmt Panik,
die Angst ist ihr immer auf den Fersen
und sie läuft, um ihr zu entkommen.

Ihr Name verrät bereits viel.
Kate: der Klang einer Axt, mit der man Holz hackt.
Malone: allein.
Sieht man genau genug hin,
zusammengesetzt aus *alone* und *Ma,*
ihre Mutter ist vor langer Zeit gestorben
und der Schmerz vergeht niemals.

Mir war klar, dass Kates *Alles-prima!*-Maske
sie irgendwann noch ersticken würde,
aber ich wusste nicht, wie ich sie dazu bringen konnte,
die Maske abzunehmen.
Ich brauchte dafür einen Katalysator, einen Funken
und Ansporn, der sie zwang aus ihrem Schutzpanzer

herauszutreten, damit sie sich selbst
das erste Mal richtig sehen konnte.

Eines Nachts, nachdem ich stundenlang vor mich hin
geschrieben und Seite um Seite verworfen hatte,
frustriert von meiner Kate-Blockade,
ließ ich am Meeressaum meiner Einbildungskraft
gedankenverloren Sand durch die Finger rinnen,
da beobachtete ich auf einmal,
wie ein neues Mädchen den Fluten entstieg.

Ein wütendes Mädchen,
die Hände geballt,
das war bei ihr immer so,
barfuß durch den Dreck im Hinterhof
schlurfend,
verschmutzter Fußboden,
verschmutzter Herd,
ungewaschen,
von ihrem Vater verlassen,
das unangenehm riechende Mädchen,
von allen mit Blicken gestreift,
aber von niemandem wirklich wahrgenommen.

Teri Litch.

Durch ihren Nachnamen wird sie zu einer Toten.
Wer beim Lesen von einem Buch gefesselt ist,
hebt selten den Topfdeckel der Namen,
um einen Blick auf die Bilderwelten zu werfen,
die darunter im Kessel sieden und brodeln.
Aber ich muss das Mark der Namen schmecken,

um beim Schreiben eine Figur
zum Leben erwecken zu können.

Kinder wie Teri Litch haben zu Hause kein
fließendes Wasser, sie gehen so lange unbemerkt
durch, bis der Geruch zu aufdringlich wird.
Eine nette Lehrerin bietet Teri an,
ihr bei der Wäsche zu helfen, und das Kollegium
sammelt, ohne viele Worte zu verlieren, Fertiggerichte,
damit sie nicht nur mittags etwas in den Bauch bekommt.

Nur wenige haben bemerkt, dass das Buch
eigentlich die Geschichte von Teri ist,
ganz bewusst aus Kates umwölkter Sicht erzählt,
weil Kate erst zu sehen lernt.
Jede der beiden wird für die andere
zum Katalysator, ihr Zusammenprall verändert
für beide das Leben,
Freundschaft kann
an den unwahrscheinlichsten Orten wachsen.

Sieh meiner Wahrheit ins Auge

Das ist kein
Resting-Bitch-Face.

Das ist ein
Touch-Me-And-Die-Face.

Der Junge und der gottlose Priester

Ich war einmal ein glückliches Kind,
sagte der Mann,
Ministrant,
Pfadfinder,
ein wahres Sonntagskind,
Erstgeborener, ältester Bruder.

Als Zehnjähriger,
dann Elfjähriger
liebte ich Gott, unsern Herrn,
Pater Michael reichte
mir vom Brot zu essen,
vom Wein zu trinken,
mein Mund war für die Gaben
weit geöffnet.

Er segnete mich,
lud mich ein
(Gnade! Welche Gnade!)
in den Hobbyraum,
den Freizeitkeller,
holzgetäfelter Schlupfwinkel im Keller,
unter dem Pfarrhaus.

Ich sei vom Herrn
auserwählt,
säuselte Pater Michael.

Ich hätte Potenzial,
erzählte Pater Michael
meinen Eltern,
die nie zurückfragten:
»Wofür?«

Der Hobbyraum roch
nach modrigen Klamotten,
Schweiß und Verzweiflung,
süßem Wein und Verführung,
Erbrochenem, Bonbons und Missbrauch,
Spuren des Grauens.

Er war ein Mann Gottes,
ja, für mich war er
Gott.

Eines Abends roch mein Vater
die Flecken auf meiner Uniform
der Sankt-Michaels-Grundschule,
an der Pater Michael Rechnen unterrichtete
und wo er im Hobbyraum unter dem
angegliederten Pfarrhaus seinen gottlosen
Beschäftigungen nachging.

Der Kopf meines Vater schwoll
knallrot an, wie ein Vulkan kurz
vor dem Ausbruch,
ich erklärte es ihm
und er schwieg,
die Wanduhr tickte,
er schwieg auch noch,

als er meine Schuluniform
in der Mülltonne hinter
der Garage verbrannte.

Mom erzählte er eine Lüge,
sagte ihr, er habe über meine Uniform
aus Versehen ein Bleichmittel gekippt,
es sei nicht meine Schuld gewesen,
sondern seine.
Es ist nicht deine Schuld, sagte er
zu mir, aber erzähl niemandem
was davon,
kein einziges Wort,
zu niemandem.

Niemals.

In die Kirche musste ich
weiter gehen, mit dem
Ministrieren aber hörte ich
Gott sei Dank auf.
Wenn es dann so weit war,
vor den Füßen des Priesters
niederzuknien,
um die Kommunion zu empfangen,
den Mund wie ein Vogeljunges
aufgesperrt,
in Erwartung der heiligen Speise,
kniete mein Vater neben mir.

Mein Vater starrte
Pater Michael an,
wenn er mir mit
befleckten Händen
den Leib und das Blut Christi
darreichte,
und dabei pochte
das Herz meines Vaters
wie ein Vulkan,
der nach Zerstörung
giert.

Ich gehe nicht mehr in die Kirche,
sagte der Mann. Das tun nicht mehr viele.
Wir sind Unzählige,
die von den Dämonen im Engelsgewand
mit einem Lächeln
zur Finsternis verurteilt wurden.

Schreiende Zäune

Als ich in die Grundschule ging, waren bei mir
mittwochs die Nachmittage immer für Kunstprojekte,
Bücherlesen und Spielen im Pausenhof reserviert,
weil ich nämlich nicht katholisch war.
Die katholischen Kinder verließen das Schulgebäude nach
dem Mittagessen und gingen die Straße entlang
in die Pfarrschule
zum Unterricht durch die Priester und Nonnen.

Alle wussten über den bösen Priester dort Bescheid,
selbst Kinder wie ich, die ihn noch nie gesehen hatten,
pass auf, dass du nicht mit ihm allein bist,
sagten die anderen,
er tut Kindern gern weh,
ganz böse und schlimm weh,
was die angemessene Wortwahl ist, um sexuellen
Missbrauch zu beschreiben, wenn du zehn Jahre alt bist.

Vor einiger Zeit reiste ich nach Australien,
hielt dort Vorträge, sprach in Schulen und Büchereien
und staunte über alles, von den Kookaburras bis zu
Vegemite.
Meine letzte Station war Ballarat am Yarrowee River.

Die Schule sagte den Termin in allerletzter Minute ab
und ich sprach in der Stadtbücherei vor einer kleinen
Gruppe von Kindern. Bevor sie mir das Mikrofon

reichte, zog mich die Bibliothekarin zur Seite
und flüsterte mir zu, dass die Stadt
gerade von einem Missbrauchsskandal
erschüttert werde, sie bat mich, behutsam zu sein.

In Ballarat gab es Priester, die Kindern
ganz böse und schlimm
wehtaten.
Genauso wie in Syracuse.
Wie in Boston, Minneapolis, Dallas, Arizona, Iowa,
Oregon, Wisconsin, Kalifornien, Kentucky, Colorado.
In Chile, Irland, Österreich, Kanada, Guam.
Genauso wie überall.
Allein in Australien gibt es Tausende Opfer, von denen
sich zahllose das Leben genommen haben,
das Leid ist unermesslich.
Die offiziellen Untersuchungen, eingeleitet in der Woche
meines Besuchs in Ballarat, haben den Vatikan erreicht.

In Ballarat, wie an so vielen anderen Orten,
war es nicht nur ein Priester,
es waren Generationen von Priestern,
die Kinder missbraucht haben.
In Ballarat, wie an so vielen anderen Orten,
erzählten einige Kinder davon ihren Eltern,
die davon die zuständigen Bischöfe in Kenntnis setzten,
welche die Täter daraufhin in neue Pfarreien,
an neue Schulen versetzten, wo sie sich neue Lämmer
als Beute suchen konnten.

Aber in Ballarat, anders als in so vielen anderen Orten,
geschah etwas Unerwartetes.

In Ballarat banden die Menschen farbige Schleifen an die
Zäune rings um die Kathedrale und die Pfarrschulen,
in denen die Kinder missbraucht und vergewaltigt
worden waren.
Die Schleifen unterstützten lautstark die Überlebenden
und ihre Familien
und alle, die sie liebten,
die Schleifen riefen, dass sie nicht allein waren,
die Schleifen riefen, dass sie gesehen wurden,
die Schleifen riefen, dass sie gehört wurden,
die Schleifen riefen zur Revolution auf.

Immer mehr Menschen banden Schleifen an die Zäune,
bis nur noch ihre bunten Farben zu sehen waren,
nicht mehr das rostige Eisen darunter.
Die Kirche schnitt die Bänder ab, aber am Morgen
waren die Zäune wieder voller Schleifen,
die Kirche schnitt sie wieder ab,
aber die Menschen banden wieder Schleifen an die Zäune
und dann breiteten sich die Schleifen
auch in anderen Städten aus, an anderen Kirchen,
an anderen Schulen, über ganz Australien
und bis zum Vatikan.

In Ballarat entstand durch diese trotzig aufgepflanzten
Flaggen der Hoffnung
die LOUD-Fence-Bewegung, deren Anliegen es ist,
unablässig und beharrlich
die Opfer sexuellen Missbrauchs zu unterstützen,
ihnen zu zeigen, wie viel sie uns allen bedeuten.

Als ich in der Grundschule war und meine Freund*innen für ihren Unterricht am Mittwochnachmittag in die Kirche gingen, sollte ich einmal für einen Lehrer ein Gedicht auswendiglernen, ich wählte »Beim Mauerflicken« von Robert Frost, das von Nachbarn handelt und der Reparatur einer Mauer, vom Eingrenzen und Ausgrenzen. Der berühmteste Vers des Gedichts ist mir immer noch in Erinnerung, gemahnt mich von Zeit zu Zeit daran, dass »gute Zäune gute Nachbarn« machen.

In Ballarat
machen gute Nachbarn schreiende Zäune,
als sichtbares Zeichen
einer Sprache der Liebe.

unbändig

dein gehirn, junges ding
schattentanz, von blitzen durchzuckt
schwimmend, aufgewühlt,
sich treiben lassend,
auf den wellen, sehnsüchtig und
getrieben, sex! oh-wow-jungs!, hungrig
ohne zu wissen, wonach, geruch der farben
und dinge, zauberbann, betörender schwindel
erdbeben unter der haut
dir die innere landschaft umwälzend
was die augen sehen, was die ohren hören
mit jeder minute anders
mein liebes
zu nah, zu fern, unerforschte menge
ertrinkend, sinkend
von warmen körpern
angezogen
wie eine motte
vom licht

pass auf dich auf,
da draußen,
okay?

ausschlüpfen

nassflügelige schmetterlinge
zitternde antennen, wackelige knie
die gesichter noch gefurcht
von den falten ihres kokons
endlich in freiheit
vom willen beseelt
fliegen zu lernen

während vor furcht erstarrte könige
argwöhnisch herrschend
die metamorphose
der schmetterlinge
beobachten
den wandel
von reglosigkeit
zu flatterndem chaos
mit dem frühen kampf
der morgenröte beginnend
anbruch
ihrer entfesselten kampagne
gekaufte politiker aus ihren
papiernen palästen
zu vertreiben

die zurückweichenden
traurigen könige aber
werden ganz
irre
denn

der überirdische zauber
der frisch ausgeschlüpften
ist grenzenlos, unantastbar
weshalb die mächtigen
die jungen auch nicht
ihre stimme
abgeben lassen wollen

dabei können sie sehr wohl feuer legen

Zwei Gegensätze zu Vergewaltigung

Sex zu haben
ist menschlich.

Sich zu lieben
göttlich.

ja, bitte

»ja«
klingt wie der himmel auf erden
ja duftet wie heißer, heißer
süßer apfelkuchen
ja tanzt hüfte an hüfte, aug in aug
nüchtern, ja
verlangt viel nüchternheit, denn ja teilt diesen körper
berühr mich
nur mit erlaubnis, ja, unterzeichnet, besiegelt
und führe uns nicht in versuchung,
sondern
erlöse uns von dem bösen,
nur mit einem ja auf dem bett
ja auf dem rücksitz ja zum kondom
ja bitte senke dich auf mich nieder bis zum ja!
denn ja heißt nicht automatisch zu allem ja
ja heißt hallo
ich will dich
gern kennenlernen
weil wir vielleicht möglicherweise miteinander
ja aber zuerst einmal kommt der tanz ja
das wechselspiel des flirtens, hey, und herzklopfen, hey
beim sich voranfragen der jas und der neins
dann lass uns beide mal machen
langsam
revolujationäre auffassung
doppeltes ja von körper und seele

ja willkommen ja zur umarmung ja
wie sich jemand anfühlt riecht schmeckt
die/der wert ist
dass du ja sagst
die suche wert ist, das langsame sichannähern,
sichausfragen, füreinanderinteressieren,
miteinanderreden,
ins abenteuer aufbrechen, ja ist aufmunternd
ja enthusiastisch
ja in vollem wissen
ja freiwillig gegeben
ja der ehrlichste test
für den sex
die zustimmung des ja ist unabdingbar

Ultima Thule

Auf Literaturfestivals spreche ich
zu Tausenden von Teenagern
und Hunderten von großartigen Lehrern,
Riesenbecher Kaffee in der Hand,
mit einem Extraschuss Espresso und Geduld.

Ich erzähle meine Geschichten, brenne dabei vor Wut,
mildere manche Wahrheiten ab, damit sie den Kindern
zumutbar sind, spreche andere Dinge, die sie wissen
müssen, offen aus, lache über den vielen Blödsinn,
den ich selbst früher gemacht habe,
damit sie auch lachen können.

Mehr als drei Tage lang signiere ich unzählige Bücher
und höre zu, wenn Mädchen mir davon erzählen,
wie sie vergewaltigt oder missbraucht
oder zum Gruppensex gezwungen worden sind
oder was
es sonst noch an Varianten sexueller Gewalt gibt,
ausgeübt an jungen Menschen, die noch keine eigene
Stimme haben.

Grönland gehört zu Dänemark,
reist man ganz weit in den Norden von Grönland
und dann noch etwas weiter,
stößt man irgendwann auf das mythische Land

Ultima Thule, Heimat
von Wind, Eis und Flechten
so alt wie die Zeit,
Ultima Thule, mein Zufluchtsort,
immer dann, wenn mir die Welt zu unwirtlich wird,
wenn eine Zwölfjährige mir von Mommys
Freund erzählt und den Dingen, die er sie
nachts hat machen lassen,
wenn Mommy auf Spätschicht war,
wenn die Zwölfjährige danach ihre Tränen an meiner
Schulter abwischt und verspricht, mir zu schreiben,
und dann zu ihrem Lehrer zurückgeht.

Ultima Thule,
flüstere ich.

Leer und kalt hält dieses Land einen Platz für mich
bereit, für eine Kältetherapie, für meine
Vakuumversiegelung im Eis,
eine kurze Weile lang
stelle ich mir die vielen Schichten Kleidung vor,
die ich in Ultima Thule tragen werde,
und male mir die wohltemperierte Freude aus,
Eisbärensongs zu studieren
oder kalbende Gletscher,
von der Aurora borealis träumend,
nahe der nördlichen Polkappe der Welt,
träume davon, wie ich in Ultima Thule
Raum schaffen könnte für alle,
die einfach nur für einige Zeit
etwas Platz zum Atmen brauchen,

wie dieses Mädchen, dessen Mutter
schließlich mit dem Mann
Schluss gemacht hat,
nur dass sie jetzt im Auto wohnen müssen.

Aufnahmebereit

Die Namen der verkohlten
Überlebenden,
die nicht wissen, wie verdammt
stark sie sind,
nisten
heimlich
in der fünften Kammer
meines Herzens.

Ihr Mut wärmt
mich von innen
wie Kerzen
hartnäckig
einen versengten
Kürbis
erleuchten.

Dritter Teil

Meine besondere Beziehung zu Bäumen

Die Sippe meines Großvaters zapfte Ahornbäume an,
nachdem sie den Mohikanern die Berge gestohlen
und die Briten vernichtend geschlagen hatten,
Generationen von uns ließen Ahornstämme bluten,
mit Schneeschuhen aus dem Holz der Tamarack-Lärche
angetan, unter einem Spätwintermond,
der Frühling ließ die Säfte schießen, sie kochten
den Saft in riesigen Stahlbottichen zu Sirup ein,
verkauften ihn billig an die Nachbarn, schlugen
kräftig was drauf bei den Fremden, die zur Erholung
in die Wälder kamen, in denen mein Großvater
umherstreifte, Axt und Gewehr immer bereit.

Er war ein wortkarger Förster,
lehrte mich, der Kiefer zu lauschen,
der mächtigen Eiche, der traurigen Ulme,
den verschwisterten Buchen,
der weihnachtlichen Fichte und Tanne,
dem Eisenholz für Zäune, den endlos langen
Reihen der Papierbirke, das Gedächtnis mit
schwarzer Walnusstinte, auf die Haut tätowiert,
sanft presste er meine Handflächen
gegen die Rinde, damit ich ihr
Flüstern hören konnte.

Ganoderma applanatum (Flacher Lackporling)

Ganoderma applanatum ist ein elegant klingender
Ausdruck für den Pilz, der auf manchen Bäumen
im Norden zu finden ist, ein furunkelartiges
Geschwür,
groß wie eine Arbeiterhand,
in Hüfthöhe aufrecht emporstrebender
Buchen herausragend.

Himmelwärts wasserabweisend,
wind- und wettergegerbt,
vogelschissgefleckt, gerunzelt und gefurcht,
wieder und wieder in sich selbst gefaltet,
wie ein langsam wachsender Berg
oder ein handgeschmiedetes Schwert.

Erdwärts, bodenwärts, unterseitig
frisch wie ein Blatt Papier
geduldig
auf eine Träumerin
wartend,
dass sie ihr Zeichen
hinterlässt.

Baumstamm
(Amerikanischer Amberbaum)

Eine Truppe Pfadfinder, ihrem Vorbild
Ernest Thomson Seton folgend,
blau-goldene Wimpel an abgestorbenen
Ästen aufgepflanzt, zwischen Steine gesteckt.
Eine weißhaarige Frau, die am Lagerfeuer
für die Jungs das Abendessen kocht,
ein weißhaariger Mann, der mit einer Rundfeile
eine Kettensäge schärft, mit langen,
gleichmäßigen Strichen, wie es sich gehört,
die Gesten ein Echo der Gesten
der Frau, die langsam im Kessel rührt.

Die anderen Männer? Anführer und Männerfreunde,
im Freizeitlook, Kaffeebecher in der Hand,
die Augen auf einen der ihren gerichtet,
der seine Kettensäge anwirft, zweimal am Seil zieht,
Öl spritzt, Schiene und Kette sind gefährlich stumpf,
hungrig auf Beine, nicht auf Bäume,
wovon dieser Dad-Dude in seinen Sneakern,
nicht Stiefeln, blind für alle Schutzmaßnahmen
und dafür, wie notwendig sie sind,
jedoch nichts ahnt, so verdammt cool ist er,
dass er auch noch den Gehörschutz und die
Schutzbrille auf einem Baumstamm liegen lässt.
Er drückt auf den Knopf und die Kette dreht
sich schneller, der Motor jault auf, Öl spritzt

und die anderen Männer berauschen sich
an der Illusion von Macht, werden mit jeder Minute
tauber auf den Ohren, die Säge aber steckt fest,
ist widerspenstig, will nicht schneiden,
weshalb die Dad-Dudes sich laut empören
und auf die Maschine schimpfen,
Flüche ausstoßen, während sie
mit halbem Auge
ihre Handys checken.

Die Pfadfinderjungen, nachdem sie
mit Inbrunst ihren Eid gesprochen haben,
spielen in der Nähe ein Stöckchenspiel,
schielen immer wieder zu den Männern.

Als er mit seinem Werk zufrieden ist,
legt der weißhaarige Mann sein Werkzeug weg,
die weißhaarige Frau aber, in Stiefeln mit Stahlkappen
setzt ihre Schutzbrille auf und den Lärmschutzkopfhörer.
Sie zieht ein einziges Mal am Anwerfseil,
woraufhin die Kettensäge gleichmäßig schnurrt,
wirft einen Blick zu dem alten Mann, ihrem
Ehemann oder Liebhaber, der grinst, weil er weiß,
was als Nächstes geschehen wird: dass nämlich
die alte Frau den Baumstamm des Amberbaums
wie Butter durchschneiden und die Welt
der Dad-Dudes auf den Kopf stellen wird,
Holzspäne umfliegen sie, während sie
mit offenen Mündern dastehen,
unfähig zu begreifen,
was da gerade vor sich geht.

Piccolo

Sie hasste es, über eins achtzig groß zu sein,
damals 1947, eine Verirrung der Natur in einer
Stadt ohne Zirkus.
Das Klassenfoto aus jenem Jahr, darauf alle
wie Orgelpfeifen sortiert, zeigt vier große Jungs,
dann meine amazonenhafte Mutter, danach
zwanzig weitere Schüler, alle kleiner als sie.
Sie wollte gern die Piccoloflöte spielen oder
wenigstens die Querflöte, zarte Instrumente,
elegant und feminin, wie um ihre Körpergröße
Lügen zu strafen, aber der Musiklehrer
gab ihr die Posaune, weil sie im Orchester
die längsten Arme hatte.

Sie machte einen Buckel, ließ die Schultern hängen,
versuchte, sich auf die Größe der anderen
Mädchen zu schrumpfen, faltete sich origamimäßig
in sich selbst zusammen, was ihr
ganz nebenbei eine verkrümmte Wirbelsäule
und eine Fehlstellung der Hüfte einbrachte.

Nach langen Tagen an der Schule, wo sie
ihren Körper und ihre Gegenwart zurücknahm,
um sich in die Erwartungen der unbeschriebenen Weite
des Nordens einzufügen, lief meine Mutter
dann zu Hause ihrem Vater über den Weg,
der nicht wollte, dass seine Tochter sich dem Willen

der anderen beugte, und sie zwang,
jeden Abend eine Stunde lang aufrecht
und in voller Größe an der Wohnzimmerwand zu stehen,
Schultern nach hinten, bis sie die Tapete berührten,
das Kinn hoch erhoben,
Tränen liefen ihr die Wangen herunter.
Der Schmerz sollte sie lehren, ihren Willen
niemals der Willkür der Kleingeister
zu unterwerfen.

Sie hasste davon jede Minute,
aber sie gab an mich dieselbe Lehre weiter,
und als meine Töchter in die Höhe wuchsen
und uns beide überragten,
mit ihren langen Armen und starken Händen
anderen die Basketbälle und Softbälle
wegschnappten, Trompete spielten,
in Komitees den Vorsitz führten,
mit Siebenmeilenstiefeln von Gipfel zu Gipfel sprangen,
Burgen erstürmten,
blieb meine Mutter zufrieden in ihrem Schatten
und nahm entspannt
endlich
ihr eigenes erfülltes Körpermaß an.

Die verlorenen Jungen

Das letzte Mahl meiner Mutter war selbst gemachter
Mac and Cheese,
angehängt an ihr Beatmungsgerät, saß sie am Küchentisch
und aß zusammen mit Daddy, mir und meinem Liebsten,
wir tranken Champagner, um ihren Hochzeitstag
und unseren zu feiern,
und halfen ihr dann zurück ins Bett,
weil der Tod bei ihr
leise anklopfte.

Schwanger zu werden war für Mom kein Problem.
Schwanger zu bleiben aber fast unmöglich.
Ihr Schoß stoße Jungen ab, sagten die Ärzte,
behaupteten, ihr Körper erschaffe eine feindliche
Umgebung für den männlichen Fötus.

Fünf ungeborene Söhne.
Fünf unsichtbare Brüder.
Fünf Negativeinträge auf der Habenseite von Moms
Ehebilanz.
Sechs Jahrzehnte der Enttäuschung bei meinem Vater.

Für Mädchen wie mich aber war das Innere meiner Mutter
ein gemütliches, mahagonirotes Zuhause.
Ich schmiegte mich hinein, ließ mich festlich bewirten,
guckte Filme durch ihren Bauchnabel, schmeckte ihre
Angst, als der fünfte Monat kam, die tödliche Schwelle

für die Jungs. Sie zündete sich eine weitere Zigarette an,
fuhr mit der Hand über ihren Bauch, das Zelt ihrer Haut
zwischen uns, und flüsterte ein Gebet.

Ich habe meine Geisterbrüder immer geliebt, sie sind
für mich Wölfe, die am Rand meines Schlafs Wache halten.
Sie bewahren mich vor meinen schlimmsten Albträumen,
zerfetzen die Angst mit ihren Zähnen, um dann
ihre nächtliche Patrouille fortzusetzen. Ich frage mich,
wie viel sie über unsere Familie wissen,
über die komplizierte Mutterschaft derjenigen,
die uns in ihrem Schoß getragen hat.

Als ich klein war, hatte ich keine Ahnung, was Mom
durchgemacht hat. Einer ihrer Sprüche lautete:
»Zuneigung ist ein Zeichen von Schwäche.«
Für mich verblüffend, weil ich wusste, dass sie zugleich
liebevoll und stark sein konnte.
Was würde ich dafür geben, wenn ich alle Schichten
der Tragödie ergründen könnte, die bei ihr für eine so
harte Schale gesorgt hat.

Nach Moms letztem Mahl, dem selbst gemachten
    Mac and Cheese,
kamen Verwandte von jenseits des Grabs,
um nach ihr zu rufen: ihre Eltern, Großeltern,
und Moms Lieblingshunde.
Sie begrüßte sie voller Freude, plauderte glücklich
mit ihnen, während sie sanft entschlief.

Halluzinationen, sagte die Schwester aus dem Hospiz,
aber sie war nicht anwesend, als die fünf ungeborenen
Söhne eintrafen: groß und stark, grau melierte Haare,
eisblaue Augen wie Daddy, Moms hohe Wangenknochen.
Da wusste ich, dass es Zeit war,
unsere Mutter nicht mehr länger zu halten,
damit sie den Fluss überqueren konnte,
der Heimat entgegen,
wo der Rest der Familie sie erwartete.

Verknäult

Ich habe zwei Regale
randvoll gefüllt
mit Wollknäueln, in die
Träume und Pläne
für ein Leben
voller Kreativität
eingewirkt sind,
für Pullover, Socken und Mützen,
in die ich all meine Gebete
einstricken würde.
Ich habe eine verblasste Plastiktüte
aus dem Supermarkt,
die überquillt
von meinen
Lieblingsstrickmustern
und waghalsigen Schnitten.

Wenn ich mir meine Mutter
vorstelle, so sehe ich sie
zu hundert Prozent aus Wolle
vor mir, unbearbeitet und
unvorstellbar kratzig,
ein altes härenes Hemd
bereits häufig aufgetrennt,
das Garn sorgfältig
neu verzwirnt,
ein Stachelschweinfell,

das ihren weichen Kern schützte und
alle Versuche, ihre
Verstricktheit
zu lösen,
unmöglich machte.

Das ist die Geschichte,
deren Fäden ich allzu gerne
zusammenführen würde,
wenn ich dazu nur
das Muster finden könnte.

Blutmond

Meine letzte Periode hatte ich
in dem Monat,
bevor meine Mutter starb.

Aber noch Jahre später
träume ich davon,
zu bluten,
das alarmierende Gefühl im Unterleib,
wie ich zur Toilette renne,
schimpfe,
weil ich in meiner Handtasche
wieder mal keinen
Tampon für den Notfall
dabeihabe.

Im Traum
ziehe ich die Unterhose runter,
verfluche das nutzlose
dünne Klopapier,
höre dann auf,
weil es kein Blut ist,
nicht mehr.

Was aus meinem Schoß fließt,
in diesem Traum
und hier beim Erwachen,
ist einzig und allein
dicke, schwarze Tinte,
Rohmaterial zur
Worterzeugung.

Kollateralschäden und Vergebung

Mein Vater lebte nach dem Tod meiner Mutter
noch fünf Jahre, keiner war darüber überraschter
als er, dreimal in der Woche holte ich ihn
am frühen Morgen ab und wir fuhren zusammen
ins Fitnessstudio, wo ich mein Work-out machte,
während er auf der Bank saß, einen Becher Kaffee
in der Hand, und die Damen bezirzte.
Danach gingen wir in ein Diner zusammen
frühstücken, ungesund und köstlich, ich las die Zeitung
und er löste mit Kugelschreiber das Kreuzworträtsel.

Wir redeten miteinander, arbeiteten unsere
Familiengeschichte aus Traumata und Schweigen auf,
die Abgeklärtheit, die in Wut umschlägt,
die Liebenswürdigkeit, hinter der sich Ängstlichkeit
verbirgt,
das Bemühen, der Dunkelheit Licht entgegenzusetzen,
in die Welt hinauszugehen und sich gleichzeitig vor ihr zu
verstecken,
was es kostet, den Schmerz zu betäuben,
der Überdruss am ständigen Kampf,
das gierige Bedürfnis nach Vergebung,
die Erlösung, wenn sie ohne Wenn und Aber gewährt wird.

Mein Neffe kehrte aus Afghanistan zurück.
In jenen Jahren kehrten viele Soldaten aus unserer
Nachbarschaft von dort viel, viel älter zurück, als sie

bei ihrem Aufbruch ausgesehen hatten, und ich begriff,
dass ihre Kinder genauso wie ich von den Gespenstern
des Kriegs ihrer Eltern beschädigt sein würden.
Ich schrieb *The Impossible Knife of Memory* mit diesen
Kindern im Kopf
und redete, als ich es tat, ständig mit meinem Vater.
Er fand es gut, dass ich das Buch schrieb. Auch er wusste,
dass es aus unserem Leben herausgeschnitten war.

Meine Lieblingsszene spielt auf dem Friedhof,
als Hayley über die Wirkung der Toten auf die Lebenden
nachdenkt; wie einmal erfolgte Taten beeinflussen, was
wir noch nicht einmal erträumt haben.
Sie lernt, sich zu erinnern,
ohne daran kaputtzugehen.

Bevor sie starb, erzählte mir meine Mutter,
dass Daddy eingewiesen worden war,
während seines Studiums für den Pfarrberuf,
die Diagnose lautete auf manisch-depressiv,
und sie jobbte, um die Rechnungen zu bezahlen.
Es war unmittelbar nachdem er sie verprügelt und ihr
die Zähne ausgeschlagen hatte, als die Gespenster
und der Staub des Kriegs wie ein Zyklon in ihm wüteten
und er schließlich vollkommen ausrastete.
Nach diesem Klinikaufenthalt erhielt er nie wieder
psychologische Betreuung oder Medikamente oder
eine Therapie, stattdessen machte er alles
mit sich selbst aus, auf den Knien im Gebet und
in langen Spaziergängen an den Ufern des Erie-Kanals,
bei denen er um die Kraft flehte, am Leben bleiben
zu wollen.

Ich bin für immer und ewig dankbar,
dass er sie gefunden hat.

Am Ende seines Lebens franste der Geist meines Vaters
an den Rändern aus, manchmal schienen
die Gespenster nur allzu wirklich zu sein,
als der Schleier zwischen den Welten
dünner wurde und sein Herz müde.
Als der Kardiologe einen Herzschrittmacher empfahl,
fragte Daddy, ob er ihm denn den Nebel ihm Kopf
lichten könne, die Halluzinationen löschen
und die Monster zähmen, die eifrig ihre Ketten von sich
warfen und sämtliche Truhen öffneten,
in denen die wahren Schrecken begraben waren.
Möglicherweise, sagte der Arzt, aber unwahrscheinlich.

Da stand mein Vater auf und sagte:
»Ohne funktionierendes Oberstübchen will ich nicht
leben.«
Dann schüttelte er dem Arzt die Hand und sagte mir,
es sei Zeit, nach Hause zu gehen.

Unter Buchen sollst du suchen

Buchenwälder
tanzen so langsam,
dass nur der Wind
ihre Anmut sehen kann,
langsam gleitende
Blattmuster, synchron
schwimmende Schwäne
auf einem stillen, dunklen
See aus Erde.

Die meisten Bäume
sorgen füreinander
und Buchen
sind da keine Ausnahme.
Unterirdische Ranken füttern heimlich
das Mädchen, das seine Wurzeln
im sterilen Geschiebemergel
geschlagen hat, die älteren Bäume
neigen sich zur Seite, damit der Junge,
den der Blitz getroffen hat,
mehr Sonne abbekommt
als seine Brüder.

Das Recht des Stärkeren
ist ein Rezept für Einsamkeit,
flüstern dir die Buchen zu,
wenn du ihnen zu lauschen weißt.

Du kannst dir sicher sein, sagen sie dir,
dann ein Leben zu führen, das
roh, grausam und kurz ist.
Wenn einer leidet,
sind alle geschwächt,
aber wenn alle gedeihen.
tanzen wir.

Sag meinen Namen

Halse reimt sich auf
faults, assaults, vaults,
halst mir viele Fehler auf,
versalzt so manchem bei mir Suppe,
weil keiner es aussprechen kann,
von der eigenen Sippe
mal abgesehen.

Namen haben tiefe Wurzeln,
wie Familienbäume auf Friedhöfen,
zapfen endlos tiefe Brunnen an,
bewacht von den Nornen, Schicksalsschwestern,
Wortschwestern, beladen mit unserem
Schicksal.
Die altenglischen Wurzeln von Halse
finden sich in *gehálsian*,
einem Verb mit der Bedeutung
»anflehen oder die Götter anrufen,
sprechen«,
im Dänischen bedeutet *hals*
dasselbe wie im Deutschen.
William Chalker Halse
floh 1798 aus England
nach Nova Scotia, wo er
ein Mädchen namens
Sarah heiratete,
deren Nachname

… ihr glaubt es nicht …
Story lautete,
Sarah Story.
So etwas würde mir meine Lektorin
in einem meiner Romane
rausstreichen, weil es zu lächerlich ist, um wahr zu sein,
aber es ist wahr.

Halse reimt sich fast auf Holz,
Bäume und Papier liebe ich,
vor allem aber auf *waltz*,
betrachtet meinen Tanz
und vergesst ihn nicht.

Zur Erinnerung

Bei Engeln
sind die Flügel
unmittelbar hinter
ihrem unerschütterlich
schlagenden Herzen
mit dem Rückgrat
verbunden.

Bei Bäumen
sind die Sonnenlicht einatmenden
Blätter, prall von Chlorophyll
und Leben,
durch die Stämme
mit ihren schlammdunklen Wurzeln
verbunden.

Bei Büchern
verbindet
der Rücken
Seite um Seite
Autor*in mit Leser*in,
Lehrende mit Lernenden,
Seite um Seite
Vergangenheit mit Zukunft,
Schmerz mit Macht,
Seite um Seite
Wut mit Frieden.

Dieser kleine Hinweis
zur Anatomie
von mir
an euch
will dich daran erinnern,
dass dein Mund,
den du aufgemacht hast,
um zu sprechen,
um zu schreien,
nachdem du gesprochen hast,
nachdem du geschrien hast,
das Licht einatmen wird,
nach dem du hungerst.

Und dein Rückgrat
wird sich aufrichten,
bis du
wieder tanzen kannst,
zum Rhythmus deines
unerschütterlich
schlagenden Herzens.

Postludium: Für mich und euch

Geschichten
unterhalten
fesseln, empören,
erheben,
helfen uns,
unsere Sorgen
zu überwinden.

Wutgedichte
am Meer geschrieben,
Stift, Hände, Krallen
mit Tinte befleckt,
bis das Gefäß leer ist
und ich dann
mit Blut, Spucke und Feuer
weiterschreibe,
das Licht der Laterne
im Spiegel,
die Dunkelheit
zerstreuend.

Geschichten
springen dich an,
stiften dich an,
reflektieren,
aktivieren,
sind Trommeln,

die von unserem
Schicksal erzählen
und unsere großen
Hoffnungen weitertragen.

Danke fürs Zuhören.

Hilfe und Anlaufstellen

Allgemeine Informationen:
Die Broschüre zum Thema Vergewaltigung »Nein heißt Nein« der Stadt München enthält u. a. Informationen zum Sexualstrafrecht. Download unter: www.muenchen.de/rathaus/Stadtverwaltung/Direktorium/Frauengleichstellung/aktuelles/broschuere_vergewaltigung.html

Polizei: Notruf 110 oder die zuständige Polizeidienststelle (damit ist automatisch die Erstattung einer Anzeige und eine polizeiliche Untersuchung verbunden). Österreich: 113. Schweiz: 117

Sicherung von Spuren sexueller Gewalt als Beweismittel (werden zwei Jahre aufbewahrt, können also auch bei später erfolgter polizeilicher Anzeige verwendet werden). Sogenannte Gewaltambulanzen gibt es in Berlin, Düsseldorf, Hannover, Hamburg, Heidelberg und München. Telefonnummern im Internet.

Deutschlandweite Beratung durch die zuständigen Sozialbürgerhäuser und Stadtjugendämter (auch kurzfristige Unterbringung in Jugendschutzstellen).

Schutz und Hilfe bei sexualisierter Gewalt:
Hilfeportal sexueller Missbrauch des Unabhängigen Beauftragten (der Bundesregierung) für Fragen des sexuellen Kindesmissbrauchs mit Suchfunktion für lokale Beratungsstellen, Notdienste, Therapeutinnen und Therapeuten
www.beauftragter-missbrauch.de
www.hilfeportal-missbrauch.de

Hilfetelefon sexueller Missbrauch
0800 22 55 530, kostenfrei und anonym,
Mo, Mi, Fr 9–14 Uhr, Di, Do 15–20 Uhr
beratung@hilfetelefon-missbrauch.de

Save Me Online
Onlineberatung für Kinder und Jugendliche
www.nina-info.de/save-me-online
beratung@save-me-online.de

Hilfetelefon – Gewalt gegen Frauen
08000 116 016, kostenfrei, anonym, rund um die Uhr, deutschlandweit, auch Chat und Mail.
www.hilfetelefon.de/das-hilfetelefon/beratung.html

* * *

pro familia
deutschlandweit, allgemeine Beratung zu Fragen (selbstbestimmter) Sexualität, 180 Beratungsstellen und Onlineberatung
www.profamilia.de

Weißer Ring
allgemeiner Hilfeverein für Kriminalitätsopfer mit 400 Außenstellen, Telefon- und Mailberatung
116 006, anonym, deutschlandweit, 7–22 Uhr
www.weisser-ring.de/hilfe-fuer-opfer/onlineberatung

Regionale Beratungsstellen mit deutschlandweiter Vermittlung:
Beratungsstelle Frauennotruf München, 089 76 37 37,
www.frauennotruf-muenchen.de

Dunkelziffer
Beratung und Krisenintervention für Mädchen und Jungen, Hamburg, 040 42 10 700 10, auch Onlineberatung,
www.dunkelziffer.de

KIBS
Kontakt-, Informations- und Beratungsstelle für Jungen und junge Männer, die von sexualisierter und/oder häuslicher Gewalt betroffen sind, München, 089 23 17 16 9120, www.kibs.de

Wildwasser München
Fachstelle für Prävention und Intervention bei sexualisierter Gewalt gegen Frauen und Mädchen, 089 600 39 331,
www.wildwasser-muenchen.de

Zartbitter
Kontakt- und Informationsstelle gegen sexuellen Missbrauch an Mädchen und Jungen, Köln, www.zartbitter.de

Von der katholischen und evangelischen Kirche eingerichtete Beratungsangebote für Opfer und zur Prävention sexuellen Missbrauchs innerhalb der Kirchen:
Prävention in der katholischen Kirche
Katholische Kirche in Deutschland, mit Verlinkung auf die einzelnen Bistümer, www.praevention-kirche.de; Liste der Missbrauchsbeauftragten: www.dbk.de/themen/sexueller-missbrauch/informationen-fuer-betroffene

Zentrale Anlaufstelle.help
Beratungsstelle der evangelischen Kirche Deutschlands
0800 5040112, kostenfrei und anonym,
Mo 16:30–18 Uhr, Di–Do 10–12 Uhr
www.anlaufstelle.help

Allgemeine Notfall- und Hilfetelefone:
TelefonSeelsorge
allgemeine Beratung, anonym und kostenfrei, rund um die Uhr, 365 Tage im Jahr, auch per Chat und Mail
0800 111 0 111 oder 0800 111 0 222
www.telefonseelsorge.de
in Österreich: 142; www.telefonseelsorge.at
in der Schweiz: 143; www.143.ch; Die Dargebotene Hand

Nummer gegen Kummer / Kinder- und Jugendtelefon des Deutschen Kinderschutzbundes
deutschlandweit, anonym, kostenfrei, Mo–Sa 14–20 Uhr, 116 11
Anmeldung zur Online-Beratung unter:
www.nummergegenkummer.de

Muslimisches SeelsorgeTelefon
24 Stunden täglich, dienstags auch auf Türkisch
030 44 35 09 821

Nightlines in Europe
ein Zuhör- und Informationstelefon von Studierenden für Studierende, Erreichbarkeit abends
www.nightlines.eu (Liste der Nightlines in deutschsprachigen Universitätsstädten)

Beratungsstellen in Österreich:
Allgemeine Informationen des Bundeskanzleramts (mit Suchfunktion für Beratungsstellen) unter www.gewaltinfo.at

TAMAR – Beratungsstelle für misshandelte und sexuell missbrauchte Frauen, Mädchen und Kinder, Wien, 01 334 04 37, www.tamar.at

Beratungsstellen in der Schweiz:
Opferhilfe Schweiz der kantonalen Sozialdirektorinnen und Sozialdirektoren, mit Suchfunktion für Beratungsstellen: www.opferhilfe-schweiz.ch

CASTAGNA – Beratungs- und Informationsstelle für sexuell ausgebeutete Kinder, Jugendliche und in der Kindheit und Jugend ausgebeutete Frauen und Männer, Zürich, 044 360 90 40, mail@castagna-zh.ch, www.castagna-zh.ch

Danksagung

Die sonderbare Praxis, Ideen in Gedichte zu verwandeln und Gedichte in ein Buch wie das hier vorliegende zu verwandeln, bedarf der Mitwirkung eines ganzen Chors von Menschen, deren Namen hier laut in die Welt hinausgerufen worden sollen.

Ein Hoch auf meinen Lektor und meine Lektorin, Ryan Sullivan und Marinda Valenti, die mir mit viel Langmut die Regeln von Orthografie und Grammatik in Erinnerung gerufen haben, gleichzeitig aber offen waren für meine stilistische Eigenwilligkeiten; ich musste sie nur fragen. Jessica Jenkins und Nancy Brennan, von denen die Entwürfe für das US-Cover und die typografische Gestaltung stammen, haben mit ihrer Kunst einen wunderbaren Resonanzraum für meine Worte erschaffen – vielen Dank!

Lindsay Boggs und Kaitlin Kneafsey sind wahre Magierinnen der Öffentlichkeitsarbeit. Vielen Dank an euch beide für eure unschätzbare Hilfe bei dem Bemühen, *SCHREI!* an die Leser*innen zu bringen. Auch Ken Wright, dem Verleger von Viking Books, gilt großer Dank für seine stete Freundlichkeit und Geduld. Ein großes Vivat möchte ich an dieser Stelle auch auf alle anderen Random House/Penguin Books-Mitarbeiter*innen ausrufen, die seit fast zwei Jahrzehnten meine Bücher betreuen, insbesondere Jen Loja, Carmela Iaria, Erin Berger, Felicia Frazier, Emily Romero, Eileen Bishop Kreit, Shanta Newlin, Mary Raymond und – last but not least – Trevor Ingerson. Es erfüllt mich mit Stolz und Dankbarkeit, eurer Familie angehören zu dürfen.

Tusind tak an Pernille Ripp, die nicht nur eine großartige Lehrerin, sondern auch Gründerin von Global Read Aloud (theglobalreadaloud.com) ist – ihr verdanke ich die Korrektur meiner Schreib- und Grammatikfehler im Dänischen. Eric Gansworth (Onondanga), Lowery Writer-in-Residence am Canisius College, ließ mich an seinem Wissen zur Gewalt Anteil haben, die von Siedlern, darunter auch meine Familie, auf die Mohawk ausgeübt wurde. Danke auch an G. Donald Cribbs für die Informationen zu US-Hilfsorganisationen für Opfer von Missbrauch und sexueller Gewalt sowie zu psychologischen Beratungsstellen.

Meine Agentin Amy Berkower leiht mir seit vielen Jahren geduldig ihr Ohr und hört mich schimpfen, fluchen, toben, fantasieren und stammeln, bis es endlich so weit ist, dass meine Bücher das Licht der Welt erblicken. Vielen Dank, liebe Freundin, für deine Unterstützung und deine nie nachlassende Zuversicht! Mein Dankeschön gilt auch allen anderen bei Writers House, allen voran Cecilia de la Campa, Leiterin der Lizenzabteilung, die für *SCHREI!* und meine anderen Bücher so viele Verlage außerhalb der Vereinigten Staaten fand. Ein – längst überfälliger – Dank auch an Michael Mejias, dem es ein großes Anliegen ist, dass in der Bücherwelt die Wirklichkeit unseres Landes gezeigt wird, und der mich so herzlich willkommen hieß, als ich zu Writers House gestoßen bin.

Mit der Arbeit an diesem Buch begonnen habe ich im Haus meiner guten Freunde Greg Anderson und Sue Kressley. Vielen Dank an auch beide für den Raum, die Sonnenaufgänge am Strand und das Miteinander. Meine Assistentin Jenn Northington ist genial und verfügt über Zauberkräfte, mit denen sie mir immer wieder Zeit und Raum fürs Schreiben zu verschaffen weiß – DANKE, Jenn! Ohne dich hätte ich das alles nie hingekriegt. Meine Kinder und Enkelkinder sind für mich wandelnde Gedichte. Sie sind das Licht, das mich am Leben hält. Deborah Heiligman ist immer für mich da: im Schweigen, im Gespräch, im Widerspruch, im Wachsen und in der Liebe. Danke für alles, Debi!

Ohne die Unterstützung und die Ermunterung durch meine Lektorin Kendra Levin wäre dieses Buch nie entstanden. Ich werde sie für immer Kendra of the Keen Eye and Gentle Heart nennen. Danke dafür, dass du eine so kämpferische Geburtshelferin bist!

Schließlich wie immer ein riesengroßes Dankeschön an meinen treuesten und ältesten Freund, meinen Ehemann Scot. Danke, dass du mir zuhörst, dass du mir die Tränen trocknest, dass du immer ein Pflaster bereit hast, dass du mein Schreiben und meine Stimme so achtest und dass du mir deine Stärke leihst, wenn ich meine zu verlieren drohe. *This world and the next, my love.*

Laurie Halse Anderson ist die erfolgreiche Autorin mehrerer ›New York Times‹-Bestseller. Insgesamt haben sich ihre Bücher über 8 Millionen Mal verkauft. Für ihre Arbeit wurde sie mehrfach ausgezeichnet, so waren z. B. ihre Romane ›Sprich‹ und ›Chains‹ für den National Book Award nominiert. Laurie Halse Anderson ist Mitglied des RAINN Leadership Councils, einer Organisation, die sich für die Opfer sexueller Gewalt einsetzt. Sie lebt mit ihrer Familie in Philadelphia.

Bernadette Ott lebt als freie Übersetzerin in München. Sie studierte Literaturwissenschaft, Kunstgeschichte und Philosophie und übersetzt Kinder- und Jugendbücher, aber auch Essays und Kunstbücher aus dem Englischen und Französischen.